中国母亲在中美教育之间的选择

吴晨阳　著

西苑出版社
XIYUAN PUBLISHING HOUSE
北京

图书在版编目（CIP）数据

中国母亲在中美教育之间的选择 / 吴晨阳著 . — 北京：西苑出版社，2014.2

ISBN 978-7-5151-0309-9

Ⅰ . ①中… Ⅱ . ①吴… Ⅲ . ①教育—对比研究—中国、美国 Ⅳ . ① G52 ② G571.2

中国版本图书馆 CIP 数据核字（2012）第 280425 号

中国母亲在中美教育之间的选择

作　者	吴晨阳
责任编辑	李　涛
出版发行	西苑出版社
通讯地址	北京市朝阳区和平街11区37号楼
邮政编码	100013
电　话	010-52470795
传　真	010-88637120
网　址	www.xiyuanpublishinghouse.com
印　刷	北京龙跃印务有限公司
经　销	全国新华书店
开　本	710毫米 × 1000毫米　1/16
字　数	240千字
印　张	13
版　次	2014年2月第1版
印　次	2014年2月第1次印刷
书　号	ISBN 978-7-5151-0309-9
定　价	29.80元

前　言

这是一本一个望子成龙的中国小留学生的母亲写的书。她以亲身经历介绍了美国的教育状况以及为了孩子的健康成长，如何在中美教育之间做出选择。

在中国家长的眼中，美国的教育是个美丽的梦。这个梦因国人对美国的追崇和羡慕更增加了一些虚幻和绚丽的色彩。国内一些家长期待孩子接受美国的教育，甚至从孩子小学时就开始有这样的想法。家长为了孩子接受美式教育，不惜花费重金，远渡重洋，来到美国接受教育。

美国的小学教育到底如何呢？美国学校如何培养孩子的创造力？美国父母看重孩子的分数吗？美国孩子怎么上课？在学校学什么？在美国就可以接受世界上一流的教育，培育出完美的人格和最优秀的人才吗？

不可否认，美国学校更注重的是学习能力的训练和批判性思维及创新能力的培养，尤其是美国的教育注意培养学生的自信、自主、自立精神，同时也注重对学生创造力的培养。很多在美国长大的孩子总是充满自信与快乐，独立，有主见又坚强，健康，阳光又富于创造力。他们没有严格的考试制度，学生没有怎么也写不完的作业；学生有足够的时间来思考，做自己感兴趣的事，有更多的实践活动培养孩子的动手能力；学校注意发掘学生求知的动力，把学习从被动变成了主动，学习成为一种积极快乐的求知过程。在这种教育制度下，美国孩子的个性得到了最充分的发展，学校是每个孩子都喜欢去的地方，是儿童的乐园。

但美国的教育就是最完善的吗？当你去掉了初到美国所带的虚幻和绚丽美梦，与美国的教育零距离地接触时，你看到了什么？

在美国小学的课堂上，经常会上演这种情景：当老师发问7+8等于多少时，中国小孩马上会不假思索地回答，是15，而美国小孩的表现会叫你大吃一惊，他们在计算的时候，手脚并用，因为手指头不够数，竟然要把鞋子脱掉，才能够算出来。美国学生数学成绩之差简直是出了名的，即使是研究生入学考试的数学，也只达到了中国中学生的水平。

在自称是平等的美国教育的表面之下，是否暗藏着种族歧视？华裔的后代获得名校的录取概率，为什么远远低于美国本土的学生？为什么本科阶段获得奖学金的机会大部分留给本土的公民？当你看到美国大学空空如也的教室和热闹的操场时，你会想到什么？

看到了这些，你会变得平静和客观，甚至会不由自主地感觉到失落、疑惑和迷惘，难道这就是传说中的美国教育？美国教育在我们的心中就是这样一个美丽的梦吗？

在奥巴马的新书《我们相信变革》中，他在序言中谈到，美国家庭应该注重儿童教育，使自己的子女有能力与中国的孩子竞争将来的就业机会。

因为他知道，中国的基础教育是世界上最完备的，中国的学生是世界上最勤奋的，家长非常注重对孩子的教育，中国学生的成绩和任何一个国家同年级学生相比都毫不逊色。但中国的教育又存在着很多的弊端，分数至上，培养的人才没有创造性，机械重复死记硬背的知识过多，所以中国的学生和家长期待着更加人性化、多样化的教育。

同样是一个学习成绩不好的男孩子，在美国的教育体制下充满了自信，但在中国的教育体制下却变得泪流满面，中国的教育是不是不懂男孩子的生理结构和心理健康？是男孩子的问题还是教育的问题？中国的教育体制对我们的男孩子是不是存在着严重的性别歧视？

中美教育之间的区别是什么？中国孩子和美国孩子最大的区别是什么？孩子在美国接受教育的时候，你会千万次地问自己，到底让孩子接受美国的教育好，还是接受中国的教育好？

中美之间的教育有什么不同？美国的教育有哪些成功和失败之处？美国的私立教育和公立教育有什么不同？为什么受到过良好教育、富有阶层的家长，放弃免费的公立教育，花费大量的美金，让孩子去接受私立教育？

我们应该抛弃其糟粕，吸取美国教育中的精华和值得借鉴的地方，融合在中国教育体系之中，在中美教育之间找出最佳的教子方法，将其应用在中国的学生或孩子身上，使之得以全面的发展。

请零距离地接触中美教育，读一读这本在美国和中国的大中小学都有过资深教学经历的教育工作者所写出的纪实作品。

本书以作者在美国大学、小学亲身教学的经历为模板，向读者展示了客观和真实的美国学校、美国教育、美国家长和美国学生的生活。本书详细介绍了美国小学生的学习生活、校园环境、社会交往及各种传统节日等，全面深入地展现了美国小学课堂的概况，描写了美国小学生学习生活中的点点滴滴，写出了美国小学与中国小学有什么异同。同时，也以作者在国内大学和中学从事教育工作的亲身经历，展示了中国的学校、学生和教育情况。从中美国情的历史和现状、文化不同背景的角度出发，对中美教育的观念、方式和差别做了全方位的对比和分析，指出中美教育之所以存在这么多观念的不同，与中美之间的国情和体制密切相关，教育理念的本身没有优劣之分，关键这种教育是否适应它所赖以生存的土壤。每个教育体系和它们的国情都密切相连，它们不会脱离国情而单独存在。

作者还以一个资深教育工作者的身份和一个小留学生母亲与美国小学教师的身份，客观地指出了中美教育各自的优缺点，并帮助国内孩子的父母在中美文化之间的交汇点中，找到最佳的教子之路。

目　录

第一章　做美国小学生的家长

第一节 走进美国的小学

我在目前所居住的公寓外面等着孩子回家。这是一座很不错的公寓楼，里面的家具一应俱全。美国的公寓条件很不错，除了随身带些被子之外。条件好一些的公寓几乎所有的东西都提供，连做饭用的刀子和叉子也包括在内。所以美国人搬家非常容易，只要找到了合适的工作、合适的住所，随身的物品放到车里，开车就走，潇洒地不留一点儿云彩。

我非常担心我的儿子，他今年7岁，在国内上了一年小学后，和我们一起来到了美国。今天是他第一天上学。

我老公在国内的一所重点大学任理工科的教授，他的研究方向属于热门专业。所以经常有论文在国际期刊上发表，认识不少国外的同行，与美国、加拿大的几所大学有着密切的学术联系。

小的时候，我们就听说过，学好数理化，走遍天下都不怕。这话有几分道理，老公最近申请到一个项目的资助，在美国的一所大学工作一段时间。

有了这样的机会，我很开心，因为我在上学的时候，一直想去美国，但苦于没有合适的时机，现在有这样的机缘，自然很高兴。

当时我在国内的学校里教学，工作不累，收入也不高，既撑不死，也饿不死。一切都过分地稳定，想象不到什么更好的发展前景了，所以辞职的时候，也没有过多的留恋。

开始我计划和老公一起到美国，但他却顾虑重重，担心去了美国，一家人没有合适的住处。所以他就先动身了，计划找到合适的房子，我和孩子再过去。

他去了美国以后，很快找到了满意的地方住，我们接着就来到了美国。临上飞机的时候，我接到他的一个邮件。他说学校的东亚文学系正在招聘中文教师，他的导师向文学系的主任推荐了我，把我的简历发了过去。主任西西利亚女士对我非常感兴趣，希望和我面谈，给我安排一个面试的机会，要是面试成功，那么我就可以在美国的大学教书了。

这对我来讲，等于天上掉下来一块馅饼，这么好的工作，我可是求之不得，真是应了那句话，运气来了，你怎么挡也挡不住。现在人还没有到美国，美国的工作和美金就向我招手，面对这么好的前程，还有什么理由不去冒险呢?

我一直都是经济独立的职业女性，到了美国，也要寻找合适的工作。一个家庭需要夫妻双方共同去支撑，像我们这种工薪阶层，只有两个人都工作，才能有足够的经济实力过上好的生活，也才能为孩子提供好的生活条件和将来接受教育的基础。

我到美国的第一件事，就是把孩子送到美国的小学，然后申请美国政府颁发的工作许可，等待着学校面试的机会，期待着在美国有个好的开端。

美国，是儿童的天堂、青年人的战场、老年人的坟场。

但中国，说是儿童和青年人的战场更加恰当，从上了小学，孩子们就开始走向社会。国内小学生的生活非常紧张，孩子们一走进学校的大门，就开始体会到应试教育的压力。

学校的作业很多，孩子辛苦，家长更加辛苦，我每天忙完工作，就是陪着孩子一起写作业。最让人头疼的就是国内的应试教育压力很大，考试的分数决定了孩子的一切，包括孩子在学校的地位。

国内的小学生们真的很辛苦，每天都要面对繁重的学习，由于学校老师的考评就是看班里孩子学习的总评分数，所以老师之间相互比着成绩。一个班里有好几十个孩子，每次考试都要排名，所有的一切都围绕着考试进行。要是成绩稍有下降，无论什么原因，老师就会找你和家长的麻烦，但在老师的眼里，这是对你负责。

其后果就是家庭作业越来越多。孩子回家后大部分时间都忙于家庭作业，没有更多的时间和精力去玩。但孩子的自制力有限，经常是边学习边玩，要是家长不在一边催促着，孩子能把作业写到很晚。

最让人尴尬的是开家长会，家长会上老师会念上一大堆名单，被表扬孩子的家长自然是神采飞扬，被批评孩子的家长灰头土脸。老师美其名曰，都是自己的孩子，打是疼，骂是爱。只有批评孩子，孩子才可以进步。我的孩子由于上学年纪偏小，而且资质一般，属于晚发育的孩子，各方面的表现都很一般，正好处于被点名的危险之中。坐在教室里，听见孩子被老师点名批评，我的脸上红一阵、白一阵的。

每次开家长会，女孩子的家长感觉不错，因为女孩子成绩好，学习认真，一般男孩子的家长都是坐在后面，是被老师教育的对象。小学刚开始，儿子就已经产生了不喜欢学校的情绪，真不知道将来的日子会怎样。要是到了孩子的中考和高考阶段，家长和孩子一样焦虑。家长累，孩子会更累。

我不敢想，儿子在国内接受教育，将来要受到多少苦，目前孩子的学习自觉性不强，一看书就唉声叹气。我很担心孩子一步跟不上，就会步步跟不上，周围的大环境学习气氛是很浓厚的，处于这样的环境中，压力自然不小。

就像周围邻居的孩子，本来是个活泼可爱，经常来点恶作剧的调皮孩子。但自从上了初中，每天似乎用脑过度，见了人也变得沉默寡言，脑子里全都是学习。想到这里，我有些不寒而栗。这样的生活，孩子累，家长更累，不但要承受和孩子一样的压力，还要给孩子做好后勤工作，保证他们吃得好、休息好。

还有一点让家长头疼，学校的有些老师非常势利，看人下菜，对有钱有势家庭的孩子和家长经常给他们送礼的孩子，非常巴结，有什么露脸的好事，先想着这些孩子。但是对更多的孩子，就非常一般，有的孩子家长地位卑微，她就看不起孩子，训斥的时候，毫不留情，丝毫不考虑孩子的自尊心。孩子一进校门，就被老师划分了几个等级。记得有一个家长告诉我，她孩子的班主任竟然这样对她的学生说。

你的妈妈在菜市场卖菜，你和你的妈妈一样不讲究卫生。说的时候，满脸鄙视，于是孩子对家长的职业产生不满的感觉，会考虑自己的出身问题。

人家张明，人长得漂亮，学习又好，爸爸还是局长，名车接送，真有派头。说的时候，满脸媚态，孩子自然就感觉高人一等，因为老子英雄儿好汉。

我在国内也有许多挫折，所以对新生活寄托了很多希望。我想有很多非常好的机会，在将来的某天一定会实现，但至于这一天什么时候会到来，就不知道了，反正不是今天，更不可能是明天。

但是，随着年龄的增长，我发现很多期待慢慢地都变成了泡泡，最终一个个地破灭了。由于个人前途的无法实现，我就把未来的希望，寄托到了孩子的身上，希望尽可能地让他接受最好的教育，将来有好的前途。自己实现不了的人生计划，全部转换到了孩子的身上。说白了，和所有家长一样，我是一个最普通的、望子成龙的家长。按照儿子的话说，他是我的梦想机器，自己干不成的事，寄希望给他。

虽然我知道培养孩子只是为了给社会做贡献，将来他长大了会离开我们，过自己的生活，能想起家长就不错了。但出于对孩子的爱，我还是和所有的母亲一样，让孩子有机会接受最好的教育。在孩子的身上，我倾注了所有的精力，希望孩子有机会上世界一流的名校，过上幸福的生活。

在国内的时候，我花费了相当多的时间和金钱，利用周末的时间，带孩子参加各种辅导班，有钢琴、美术，还有跆拳道、围棋，本来还计划学习奥数和作文，但在孩子的强烈抗议之下，只好作罢。因为我的体力有限，双休日学习太多的话，我在时间上会顾不过来，孩子累我也累。可是要是不去的话，在目前的大环境下，心里会很不踏实。

不知道在美国接受小学的教育会如何？很多人都说移民美国，就可以享受到世界上最宽松的教育，绕过应试教育这个门槛，将来会有更好的发展前景。

有人说过，目前国内的中产阶层各种各样的移民理由中，子女教育已经成为首选。不少人对现行教育体制的弊端无法忍受，期待着改革，可教育改革牵动着多方面的利益，不是一朝一夕就可以完成的。远走他乡，选择西方的教育模式，也是一种选择。

在美国接受教育，是不是应试的压力可以免除？孩子是否能在轻松的环境下成长？对刚满7岁的孩子来说，是一张白纸。这个年纪的孩子，在什么样的环境长大，就会变成什么样的人，他的身上可以涂抹出任何你所期待的颜色。

所以自从老公来到美国的那一刻起，我就惦记着移民的事，一半是为了自己的前途，一半是为了孩子的教育。美国的小学也许更适合儿子的成长，因为大家都说美国的教育是世界上最先进的教育，符合孩子的天性。在美国上小学，摆脱了应试教育的压力，孩子有了更多的自由时间去玩，应该可以健康快乐地成长吧！

现在，我们终于来到了美国纽约州的一个城市，开始了新生活。我想，这也是儿子告别应试教育，接受美国教育的新开始吧。

纽约州位于美国的东海岸，是美国经济最繁华的一个州。我非常喜欢这个干净整洁的城市，到处是高楼，到处是繁华的街道，城市的外面有一片清亮的湖水，波光粼粼，四周中有白色、橘黄和红色的路灯，灯光闪耀，非常美丽。要是在悠闲的时候，带着孩子在湖边散步很不错，可惜，我在美国的生活是如此紧张，这样轻松的日子几乎没有多少。

在老公同事夏老师的帮助下，我带着孩子来到了大学附近的一家公立小学，给孩子办理相关的事项。这是附近非常好的一所小学，由于这所小学的存在，周围房屋的售价和租金，比其他地区相对高不少。很多美国家长期待孩子上个好的公立小学，所以就在学校附近买了房。这个地区房子很抢手，老公能找到这么好位置的住房，真让人开心，虽然花费高了，但是生活质量却有了保障。

我第一次见到美国的小学，有一种豁然开朗的感觉，儿子将来的学校是非常漂亮的学校。最让我开心的是，它还是一所纽约州教学质量非常好的公立小学。当时我并没有想到，后来自己也有机会在这所美国小学教了相当一段时间的书，成了一名美国小学的老师。我在这里认认真真、踏踏实实地开始了我的教学生涯，为美国小学生们讲课，全方位地了解到了美国小学的教育体系。

学校的楼群非常华丽，是一座六层楼，由几座巨大的建筑物首尾相连。这个建筑物像一个巨大的迷宫，内部是相通的。

建筑物的四周是如茵的绿草坪，在远处的停车场里，停着十几辆黄色的大巴士车，旁边是教师的停车区。整个学校由学前班、小学、初中和高中组成，各个年级分别占据着主楼的一个部分。

我们刚迈进学校的大门，下课的铃声响起了，整个学校里立刻喧哗起来，声音几乎传遍了整个城市，到处都是尖叫声和笑声。学生们三五成群地涌到操场上，虽然天气非常凉爽，学生们却依旧穿戴得非常少，很多孩子是小裤头和小背心，穿着凉鞋，看来教室里面温度控制得非常合适。

在空旷巨大的操场上，学生们在尽情地跑和跳，有的在操场上踢开足球了，有的学生在学校草坪的秋千上荡秋千，有的就在滑梯上打滑，有的在迷宫里玩抓人的游戏。即使所有的学生都跑出来，整个操场上也显得非常空旷。在这样广阔的空间中，学生们自由地舒展身心。

这所学校的硬件设施真好，地域广大，学生数目也不多。我想起孩子在国内上的那所大家都打破头拼命向里挤的重点小学。学校的面积小，学生的人数却非常多，到了做课间操的时候，满操场里全部都是人，密密麻麻的，像下饺子一样，根本都转不开身体，孩子们连跑步都要错开时间进行。

还没有到放学的时候，学校的大门口已经聚满了望眼欲穿的家长，大家把学校门前的胡同给围得水泄不通。一到放学时间，学生们排着队，就像潮水一般地涌出校门，门口的人多得如同蚂蚁一般，由于拥挤，家长之间吵架，更是家常便饭。

和国内公立学校相比，这里就像宫殿。什么时候，我们国内的孩子也能有这么好的条件，我心里想着。此时新的担忧又开始涌了上来，硬件这么好，可是儿子非常内向，不知是否可以适应学校，很快地融入到集体中去？

“你放心吧，他应该会喜欢这里的。在二十多年前，我刚来美国读书的时候，我的孩子也这么大，那时候，我非常担心他在学校的生活，但他很快就适应了，在学校过得很开心，非常喜欢美国的学校。”夏老师好像看出了我的担忧。

夏老师是一个称职的家长，他的几个孩子都是在美国接受的教育。现在他的孩子们都长大了，有的工作了，也有的还在美国有名的大学接受高等教育。他本人出国前是国内的大学老师，来到美国后，在常青藤大学拿到了博士学位，然后就留在美国的大学教书，现在是终身教授。他对美国的教育是个万事通，从基础教育到高等教育，他都了如指掌。有这样的朋友在，我很放心，将来遇到问题都可以向他请教。

夏老师告诉我，这所学校非常好，孩子每天都有游泳课、棒球课，还有很多其他国内学校所没有的设施，孩子的个性会得到自由的发展。美国学校的好处就是自由，你会享受到最大的自由。无论是什么样的孩子都会被老师喜欢，美国几乎所有的孩子都喜欢上小学，因为在美国小学阶段，重要的不是学习，而是综合素质的全面发展，学习好不算什么，体育好才最重要。

什么，最重要的不是学习？那么孩子为什么还要上学？这问题我犹豫了半天没有问出口，但心里却一直琢磨。我看着夏老师，虽然他和我长着一样的面孔，流着一样的血，外表上没有任何区别，但我怎么感觉他的思想和我的差别这么大。毕竟他已经来到美国将近20年了，20年的时光，足够把一个人变成另外的一种面目。

你就慢慢适应吧。看见我的眼神有些发呆，夏老师意味深长地看了我一眼。

我们几个领着儿子，一起走进大楼的内部，里面纤尘不染。在建筑物走廊的墙上，到处都是五颜六色的画像。

“你看，这就是你将来的教室。”夏老师指着其中的一个屋子给儿子看。

原来教室是这样的。我细细地打量着新的教室，只见墙面上到处都是五颜六色的图案，也许是学生的手工作业，布置得很丰富。

教室的四周是书架，摆满适合学生阅读的各种不同类型的书籍，教室内还有各种现代化的教学设备和各种教学软件，学生随时可用。美国小学的教室和国内学校教室最大的差别是，学生的桌椅板凳的摆放不同。教室里四个小桌子并列在一起，一共摆放了四组。这里没有讲台，只有一个高高圆凳。

夏老师说："这是老师坐的位置，他们一般在教室里面办公，这样便于教师接触和管理学生，与学生朝夕相处，学生可以从老师身上随时学到更多的知识，得到能力的培养，也有利于形成和谐的师生关系。"

我们几个人边说着话，边走进了校长办公室。在宽敞明亮的办公室里，我看见了坐在办公室里的校长秘书。她是中年妇女，戴着一副金边眼镜，绿色的眼睛，灰色的头发，严肃又不失友好。她穿着一身很职业的套裙，显得精明强干。

当她知道了我们的来意之后，非常热情地帮助我办理入学手续。同时告诉我们，这所小学是一所非常好的小学，一般是就近入学，只招收本地居民的孩子。

我把家庭和孩子的所有资料。在国内打的免疫针表格、自己公寓的地址递了过去，秘书看了以后，拿出几张表格，我就开始填表格了。

灰发碧眼的秘书在电脑上飞快地敲打着键盘，又问了几个简单的问题，很快就把入学手续办理完毕，没有缴纳任何费用。

"好了，你的孩子明天就可以来上学了。"秘书微笑着对我们说。

"谢谢。"没有想到这么容易孩子就可以接受美国的教育，要是在国内的话，还要看某些办事人员的脸色，为了上个不错的好学校，请客送礼都是应该的，但这里完全没有必要。

"在孩子上学前，你们必须准备好这些东西。"秘书递给我们一份入学需要准备的清单（Supply List），要求准备好两套，一套放在家里，一套放在学校，我拿起来一看，只见上面写的是：

1. 蜡笔
2. 削好的 2 号铅笔
3. 宽格写字本 2 本
4. 小剪刀 1 把
5. 橡皮擦 2 个
6. 宽格笔记本 2 本
7. 文件夹 2 个，固体胶 2 到 4 个
8. 卷纸 1 个
9. 书包 1 个

最让我关注的教材却没有，因为我想帮助孩子辅导功课，不看教材没有参照物，不知道该怎么给孩子辅导。要是手里有孩子的教材，我会把孩子所有功课的知识点都吃透，然后非常有条理地、一点点地传授给孩子。这样，在我的帮助下，孩子会很快地赶上班级里的其他孩子。

我想是不是他们把教材漏下了？只有拿到教材，心里才会踏实。

"请问孩子的教材在哪里买？"我问老师。

"我们是不卖教材的，所有的书都在学校里，上课的时候，他的老师会给他们。"

原来是这样，我很困惑，因为教材、教参在我的脑子里，已经和学校密切地联系在一起了。

"可是孩子不会说几句英语怎么办？"我的担心像水泡一样，一个又一个冒出来。

"没有关系，我们这里有特殊教育的老师，她们都是专业的教师，会用特殊的方法教育你的孩子。"老师自信地回答道。

"怎么沟通？"这是我最为关心的问题。他们的特殊教育是什么样的？心里一点儿概念也没有，没有经历过的东西，就没有安全感。

"老师会用特殊的方法和孩子沟通，我们这里非常国际化，有来自韩国、日本、西欧，还有来自于世界其他国家的学生。开始的时候，他们都不会说英语，最后都会说一口流利的英语。我们的老师会采用一切

办法，让孩子尽快地适应学校的，你完全放心就可以了。”秘书非常自豪地说。好像这里就是全世界的中心，地球围绕着他们美国人旋转，只要孩子来到了他们学校，所有的问题立刻搞定。

说句实话，我并不放心，此时我的心情很复杂，既为孩子即将接受的美国教育感到高兴，同时也开始变得非常沉重。大家都说孩子到了美国，自然而然地就会说一口流利的英语，好像孩子一下飞机就会说英语，结果，我没有注意对孩子进行英语教育。现在到了美国，才发现根本不是那么回事。

现在孩子真正开始上了美国的小学，我才意识到，英语并不是一到美国就可以无师自通的，还是需要长期学习，连语言都没有过关的孩子，想学习知识更是难上加难。

我非常后悔，当时在国内的时候，没有重视对孩子的英语教育。要是当初注意孩子的英语培训，也不会造成现在的局面。即使自己工作忙，也可以给孩子报上一个英语辅导班，找个老师领着他系统地学习。从最基础的字母开始，一直到日常生活用语，还有句型都学习一些。

要是自己的工作不忙的话，就自己辅导孩子，让孩子尽可能地多接触英语。母亲或者父亲每天在孩子临睡觉前，讲一些英语小故事，读一些英语读物。平时再多找一些孩子喜欢看的少儿英语动画片之类的节目，使孩子有了学习英语的环境，这样，他们出国后，在语言上就不会被动，性格开朗的孩子在交往上会很主动。

要是想把孩子送出国的家长，一定要注意孩子的英语教育。本来孩子到新环境，会遇见很多的麻烦，要是英语再不好，问题会更多，孩子面对的压力也越大，遭受的挫折会更多。

但现在后悔也来不及了，目前的实际情况是，儿子除了会几个最简单的单词以外，几乎是个哑巴，功课肯定听不明白，社交更是严重的问题。我不可能在一夜之间，把所有的英语一股脑地全部都灌在孩子的脑子里，这是不现实的。作为一个语言教师，我知道，语言的习得绝对不是一朝一夕的事，需要时间和精力，现在首要的问题是教孩子几个最基本的实用单词，先把生存的问题给解决了。

既然来到了美国，就只能向前走了，到这座山，就唱这座山的歌，来到这个国家，就说这个国家的语言。先把他最基本的问题解决，再谈下一步的发展。我琢磨了一下，费了半天的工夫，把“厕所”教给了孩子，然后又告诉孩子“饿，想吃饭”怎么说。

一个晚上的时间太短，只能做这么多，我刚才的兴奋心情渐渐消失，开始为明天孩子的上学忧心忡忡。想想在国内学校的痛苦，每天早上都是唉声叹气地走进了学校的大门，晚上回家，又面对着一大堆的作业，孩子做得头晕眼花，一到星期天的晚上就头疼，上学对孩子是一种不小的折磨，不知道美国的小学是不是也这样？

第二天，我和老公起得非常早，我们无可奈何地看着儿子不情愿地起床，慢慢地走向学校的班车点。他想要赖不去上学，可是在我们无言的目光中，只好妥协。经过一年国内小学的教育，他知道想赖掉上学根本是不可能的。

那辆装满一车孩子的黄校车终于来到了家门口。我心神不定，忧心忡忡地看着儿子走上了校车，就像是把我的心都带走了，不知道等待他的将是什么样的情景。孩子被校车带走了，语言不通的他，还能够按时回来吗？虽然去了一次小学，可现在让我一个人再去一次，我都找不到路，孩子能比我做得更好吗？

突然之间，一个念头在我的脑子里一闪，我也想上车和孩子体会美国小学的校园之旅，于是拔腿就上了车。

“不，家长是不可以上车的。”开校车的老头对我的举动大吃一惊，赶快制止，他的态度非常坚决，丝毫没有商量的余地。

我只好无可奈何地走下车来，看着校车缓缓地走远，校车带走的不仅仅是儿子，同时也把我们的心给带走了。

当时我对老头的固执行为感到不理解，后来在美国住的时间长了，我才知道，美国是法制的社会，这里的制度非常严格，除了孩子，其他人是不能坐校车的，教育部长也不能坐。说来让人有些不相信，夏老师告诉我，他听说过一个真事，有个美国的校长，不知道因为什么，坐了一次校车。作为一校之长，他认为这不是什么大不了的事，充其量只是一件小事。

孩子们回家把校长坐车的事告诉了家长，结果家长们不愿意了，大家群起而攻之。在家长们的质问下，校长最后辞职了事，由此可见，校车除了孩子，其他的人要是坐了，绝对会有麻烦出现的。

后来我在美国拿驾照的时候，学习美国的法律后才知道，美国的校车享有至高无上的权利，一般的车都不能随便超越。纽约州的驾照考试书上，专门有车辆遇见校车后的行为规定。如果碰到校车靠边停止，有上下车的学生出来，迎面过来和后面的车都是停着等待的，如果超越停着上下学生的校车，校车司机有权对这个超越的车开出重罚单。可见校车司机享有很高的权利，他们是除了孩子唯一有权在校车上的人。

校车上司机座位旁边有个“停”的指示牌，只要司机把那个牌子掀出来，后面所有的车，无论几个车道，都必须停下来。如果你看到校车旁边没有车，想绕过去，警察抓住，没有二话，重罚。按照美国交通规则，校车的指示这时候有特权，孩子们可能会在道路上穿行。即使总统座驾，也不能通过。美国是儿童的天堂，果然不错，在法律上就规定了儿童享有特殊的权利。

当时我还不了解这么多，一心只是牵挂着孩子，孩子在学校里会怎么样？会不会遇见校园暴力？美国孩子不会欺负亚裔孩子吧？排外，是人的天性，美国绝对不会例外，关于美国的校园暴力我也知道不少。

最要命的是孩子饿了、渴了该怎么办？他会不会丢失？我越想越不安，真想插上翅膀，飞到学校里，亲眼看看孩子是如何度过第一天美国小学生活的。

我一天什么事也没有做成，心里就是不安静，由于刚来美国，我正在申请美国移民局的工作许可，要是申请成功了，就可以有合法的工作机会，这样家庭的经济条件会有不小的改观。但我却担心孩子，静不下心来，一天什么事也没有做成。

终于熬到了下午，我早早就在大门口等着黄色的学校大巴士，看见黄色的大公共汽车装了满满一车孩子。那群孩子在车上叽叽喳喳的，在很远的地方就可以听到有人尖叫，车里的孩子们都非常兴奋，校车就像装了一群鸭子。

黄色的大巴士车终于趾高气扬地在停车站停了下来，慢慢地张开了两翼圆形的停车标志，告诉周围的车要远远地离开，因为这里马上有一群孩子要下车。周围所有的汽车立刻就远远地停下来，生怕离得近，被警察罚款。

在周围所有汽车司机和家长的注视之下，几个孩子走了下来，最后下车的是儿子。他看见我站着迎接他，就飞快地跑过来。

“今天你过得怎么样？”我迫不及待地走了过去，心里满是惊恐，生怕听到什么不好的消息或者看见孩子脸上的泪痕。因为孩子在国内第一次上学的那幕情景，深深地留下了烙印，那天孩子心灰意冷地走进了家门，满是叹息，像个很有心事的小大人。

第二天，他又唉声叹气，无可奈何地走进了学校，因为老师说，学校是每个学生必须去的地方，要是你不去的话，就会被罚。所以他不得不心不甘、情不愿地走进了学校的大门，无奈地开始了他的校园生涯。

第二节 美国的小学，是儿童的天堂

“你今天怎么样？”千言万语要问，但目前我只能说出这一句话。

“妈妈，太好了，这里真好，我真喜欢这里。”儿子高兴地扑到我的怀里，掩饰不住心中的喜悦，仿佛发现了一个世外桃源。

儿子蹦蹦跳跳地讲述着他在学校的经历，随着他的讲解，我的心慢慢变得踏实了。

儿子说，早上他刚走上汽车，车上立刻有一个来自中国南方的小女孩安迪，坐在了他的身边。安迪用汉语告诉儿子，她来自中国，会说汉语，也会说英语，现在在学校里上三年级。

安迪告诉儿子，在学校里应该做什么、不应该做什么，下了车又领着他走进了教室。

儿子一走进教室，发现全班的孩子和老师都站起来迎接他，就像迎接一个王子。儿子不知所措地站在那里，不知道同学们在说什么。

“大家为你开了个欢迎会，欢迎你这个来自东方的新学生，这是你的教室，这位是你的新老师本杰明先生，他们都很喜欢你，希望你在班里过得开心快乐。我上课去了，要是你有什么事，可以随时来找我，我就在你旁边的教室。”安迪说完就走了。

班里所有的孩子都在和儿子说话，虽然不知道大家在说什么，但是儿子却知道同学们非常欢迎自己。一个长得很帅的小男孩走过去给了儿子一个大大的红苹果，旁边的几个小姑娘给儿子的是糖果，本杰明老师也给了儿子一个崭新的活页夹和学校的校历。

看见大家这么欢迎他，儿子很开心。唯一的问题就是，儿子的语言存在着障碍，无法和班里的老师和同学们进行正常的交流。

在教室里上了几节课，儿子就和同学们一起去了一个大大的餐厅。走进餐厅，儿子开心极了，他发现学校里的饮食非常丰富。这里有牛肉汉堡、薯条、牛排、炸鸡翅、比萨、冰激凌，还有各种水果做成的色拉、各种好喝的饮料，很多食物都不知道叫什么名字，只知道非常好吃。看见这么多好吃的，儿子就使劲吃，吃完了一份感觉不饱，于是又要了第二份，结果都快撑死了。

孩子滔滔不绝地说着，说得我都开始咽口水了，这些食物也是我喜欢的，在饭店里价格不菲，由于刚来美国，还没有合适的机会去饭店享受大餐。听见孩子这么能吃，我有些脸红，这里的午餐属于免费，不知道谁告诉他的，不吃白不吃。

纽约州的法律规定，对收入在平均水平以下的家庭，学校免费供应孩子在学校的饮食。因为我刚到美国，还没有出去工作，现在家里只有老公一个人的收入，所以低于当地家庭的平均收入。对不交费的东西，总感觉来得不踏实，而孩子却享用得很坦荡。

作为母亲，当知道孩子的吃饭问题解决后，就开始关心他的学习了，这就是所谓的温饱后，开始关心精神文明，于是，我接着问孩子功课怎么样。

没有想到孩子的回答又给了我一个巨大的惊喜。

他骄傲地说老师讲课的内容实在是太简单了，他是全班第一。

你怎么可能是全班第一？我非常奇怪。在国内，由于没有重视幼小衔接的问题，儿子进入小学的时候，成绩非常一般，班里很多孩子已经走得很远了。

一些先知先觉的家长非常重视学前教育，早在孩子上大班的时候，提前一到两年的时间，把孩子送入了幼小衔接班，或是自己辅导，把小学一年级的所有功课全都看完了。尤其是拼音，是新生学习的难点，班里大半孩子都学完了。至于一年级的数学，很多孩子也是了如指掌。我由于忙工作，所以忽视了孩子这个阶段的转折，和这些跑在前面的孩子一比，儿子的语文和数学成绩在班里非常一般。此时，我才明白“不让孩子输在起跑线上”这句话的含义，后悔没有关注到孩子的教育问题。

这个时候，我才体会到了幼儿园小学化的含义，在幼儿园的大班，孩子们已经开始接受小学的教育了。随着孩子的成长，家长也应该与时俱进，才会发现很多以前所没有发现的问题。

儿子告诉我，本来发下作业的时候，他很紧张，以为什么也不会，结果没有想到这么简单，连想也没有想，直接就做完了。于是，儿子就是第一个交上作业的人，而且所有的题目全都做对了，老师在儿子的作业上写了一个NO.1，全班的孩子很羡慕地看着他，他的老师和同学都认为他是数学天才。

儿子滔滔不绝地讲着他在美国小学第一天的生活，我却不敢相信孩子的话，怎么可能？但是看着儿子激动的表情，我相信儿子说的句句都是真话。

最让我惊奇的是，孩子今天竟然没有作业。后来夏老师告诉我，这个学校在三年级之前基本没有什么作业，即使有作业，也只是一些最简单的手工作业和体育作业，作业不多，不会耽误孩子太多玩的时间。

美国是一个制造奇迹的社会，什么都有可能发生。儿子第一天上学的表现真让我满意。我打开孩子的书包，拿出了孩子在课堂上做的那份卷子，看看老师讲的什么内容，使得孩子取得了这么大的自信。

我开心地看着我的自我感觉超级好的孩子，激动地打开卷子，仔细地看了起来，结果让我大吃一惊，原来卷子上写的都是孩子在幼儿园做的题目。

美国小学的内容实在太浅了，真是百闻不如一见。美国小学二年级学的内容，儿子在幼儿园就涉及了。

看着我这种表情，儿子有点不好意思，他告诉我，就是这么简单的题，他们全班很多同学都没有全对。即使有几个全对的同学，他们也交得很慢，有些同学就使劲地用手指头算开了。最有趣的是，一个黑人孩子还把鞋和袜子脱下来，数开了脚趾头。

美国小学生的数学就是这样的水平，后来待的时间长了，我发现不但美国小学生的数学差，美国人整体的数学水平都不强。

和夏老师谈起这个话题时，夏老师感触最深。他说，他所教的学生里，美国学生的数学水平非常一般，好多美国学生都找中国留学生补习数学。在美国的中国留学生不少都有帮助美国大学生补习数学的经历，一些家境不好的学生，靠着帮美国同学补习数学，可以挣到不菲的钱。

夏老师还给我讲了一个在留学生中广为流传的笑话，这个笑话几乎让刚来美国的人笑得肚子都疼。

有个女留学生刚来美国时，帮助美国人家照顾小孩，那个小孩有个十多岁的姐姐。有一天，这个姐姐问了她一个问题：7加8等于多少？

女留学生张口即来：等于15。

那个小孩的姐姐从沙发上站了起来，看着她蹦啊跳啊地，兴奋得不得了。

女留学生看了很奇怪，就问她为什么这么高兴。她用崇拜的语气说："我发现你是最伟大的天才。"

这小女孩的结论是正确的，女留学生确实是个天才，聪明绝顶，被别人夸是家常便饭，要是不被人夸，才是奇怪，所以她听多了也就无所谓了。可这个小女孩的夸奖却让她震惊得半天没说出话来，而且这次夸奖，是她感觉到最莫名其妙的一次了。在美国待了一段时间后，我对美国人数学之差慢慢地就有了概念，时间一长也就见怪不怪了。普通美国人在心算口算能力上和我们中国人比，有着天壤之别，你不是亲眼所见，根本无法相信美国人的数学竟然是这样的水平。咱们中国大街上随便一个卖菜的小贩，他们的计算水平，要是到了美国，身后一定会有一大批粉丝崇拜着。

除了孩子学习内容让我不太满意之外，其余的事还是很不错的。

儿子说他非常喜欢这个学校，这里一天只上几节课，剩下的时间就是到一个室内游泳池里去游泳。这是他第一次游泳，专门有一个老师教他学习游泳。

老师边说边比划教他游泳，虽然儿子听不懂老师的话，但是老师做的动作他都明白。

游泳完后，儿子就去吃丰盛的午饭，接着就在班里画画，很快一天的学习生活就结束了，孩子坐着校车开开心心地回到家里。

儿子对新学校的评价是，这个学校真好，学习时间不多，大部分时间都在玩，吃得也很好，一天很快就过完了，真希望第二天赶快开始。

听完了这句话，我终于放心了，虽然心里对儿子没有统一的教科书感到疑惑，但只要孩子在美国小学过得开心愉快，新的学校生活有一个好开始，我就可以放心地腾出时间和精力，去做自己的事了。即所谓攘外必先安内，把孩子安顿好了，家就安顿了一大半。

晚上睡觉的时候，儿子又告诉我，原来美国小学生们是这样上学的，尽管玩，只有一小会儿的时间学习，没有学会，老师也不批评你。数学不用动脑子，就是全班第一名，只要随便做了一点什么事，老师就把大拇指竖起来表扬你，说你是世界上最了不起的孩子，自己也感觉像个天才。学校到处都是可口的食物，不花钱随便吃，真好像去了童话般的王国，连做梦都想不到会有这样的学校。

美国的小学在儿子的眼睛里变成了天堂一般，有吃有喝，还有玩，学习的时间很少。剩下的时间不是吃，就是玩，然后还有手工课、游泳课、音乐课和电脑课。

生活给孩子展示了另外的面目，现在他总算知道了。原来学校除了满负荷的课堂、繁重的家庭作业以外，还有另外的一面，可以尽情地玩，学习只不过是一个副业，体育、游泳、绘画和手工似乎更加重要，而这些可都是每个孩子最喜欢的事情。

最后，这个曾经的中国小学生、现在的美国小学生得出了一个重要的结论，美国的小学比中国的小学好，不是一般地好，而是非常地好。

“我喜欢在美国上小学，不喜欢在中国上小学，美国的小学是最好的小学。”儿子得出了权威的结论。

听了他的结论，我感觉很有趣，一个心里只想着玩的小男孩，竟然喜欢上学，很出乎我的意料之外。

想起他以前在国内的时候，一到周末的晚上就想哭，生怕去上学，现在是盼着天赶快亮起来，赶快去上学。或者说得明确一些，赶快去学校玩，赶紧去学校吃那顿丰盛的免费午餐。我晚上睡觉非常踏实，第一天在美国上小学，就给孩子带来这么多惊喜和震撼，最让我吃惊的是，儿子是真心实意地喜欢上学。不知道今后等待着他的，将会有什么样的奇迹发生?

第二天，我看着孩子背着几乎是空空如也的书包，兴高采烈地坐着大巴士，欢天喜地地上学去了，很高兴。学校的生活不错，最起码，丰富的饮食，不需要自己掏钱付费，要是购买这些食品，对初到美国的我们来讲，可谓价格不菲。

只是，美国小学的功课，似乎有些……我有种错觉，感觉儿子去的不是一所小学，而是一个幼儿园，一个把孩子们哄得开开心心的高级幼儿园，一个让所有孩子都向往的幼儿园。这个幼儿园关心的是孩子们开心不开心、快乐不快乐、体育好不好、吃得可口不可口。我不知道到了高年级的小学是不是这样，但小学二年级的生活，其实就相当于我们国家幼儿园的大班。

不过，刚来美国，一切都没有着落，还顾不上更多，孩子有一个放心的去处，而且他在那里待得还非常开心，这一点已经非常重要了。至于他的学习以及交往，一时间还关注不了太多。

第三节　做美国小学生的家长，真的不容易

很多家长常说，中国小学生的家长非常难当，经常要为了孩子在班级里当个领导、评个三好学生之类的事，巴结老师，有些老师让家长感觉不好接近。

现在孩子在美国上小学，这里是以学生为中心的，看来美国小学生的家长应该更好好当一些吧。但事实告诉我，在美国，小学生的家长也不好当。

有一天，儿子回来后告诉我，老师让每个学生都带一只火鸡上学。但当我问他火鸡是生火鸡还是熟火鸡的时候，他却哑口无言。因为他的语言还存在着很大的障碍，老师拿出一幅火鸡的图画，给他比划了半天，他才似懂非懂地明白了大概的意思是带火鸡去学校，但是带真火鸡，还是假火鸡，就超出了他的理解能力了。

他的这个要求搞得我非常焦虑，难道为了孩子的作业就花钱买一只火鸡？首先不知道去哪里买，价格一定不菲，即使买了，上完课后，放到哪里，养一只火鸡很不容易。况且我们住在公寓里，不知道房东允许我们养火鸡不。

我看着儿子，他是一脸茫然。看见儿子这种表情，我很着急，作业靠儿子个人的力量，是完成不了的，我必须得亲自上阵，可怎么去做？心里也一点底都没有。虽然是给孩子的作业，现在却变成了大人的工作，怎么办？我和老公面面相觑。

正在我焦虑的时候，老公拿出了儿子的书包。由于儿子语言不过关，所以他的老师想出来一个好办法，专门给儿子配了一个大的活页夹，把每天要做的事给他记录下来，回家给我们看，动员家长一起解决问题。

儿子的老师的思维也许是这样的，既然你的家长在美国的大学工作，那么英语应该不错，所以在家里帮助孩子提高语言的成绩也是理所当然的。

我拿起作业记录本，只见上面写的是带一只手工制作的火鸡，要求是发挥你的想象，做一个与众不同的火鸡。后面的备注是，如果孩子遇见什么问题，希望家长多多帮助。

我放下心来，还好是一只假鸡，花钱不多，可是，新的矛盾又出现了。我们刚刚搬家过来，到哪里去找合适的材料做火鸡？

关键时刻，老公像英雄一样挺身而出想了很多主意，但遗憾的是，他却没有想出让人信服的办法。

全家商量了半天，也争吵了半天，这是一只什么样的火鸡？一家人被折磨得愁眉苦脸。虽然是小学生的作业，让大学教授也不知如何是好，难道这就是美国教育的独特之处吗？

商量了很长时间后，最后意见终于统一了。于是大家分工合作，老公跑到实验室，找到一个大纸箱子，又找到一个大剪刀，把箱子剪开，在盒子上画了一只火鸡，然后拿剪子裁剪开。

老公忙得满头大汗，最后终于拿剪子剪了一只巨大的火鸡，看着这只鸡，他自我感觉还不错。

可是，儿子非常不满意，认为火鸡没有羽毛，也没有尾巴，只是一个秃子，世界上根本没有这么难看的火鸡。在他的眼里，火鸡应该是五颜六色的，哪会这么单调？

我告诉他不要着急，火鸡的羽毛是慢慢长出来的，所以咱们也要一步步地来。既然是火鸡，一定会想办法，让它有尾巴的。

于是，我拿出一些布，在上面剪出了很多布条，把这些布条粘在纸上，权且当做火鸡的羽毛，最后欢天喜地地等待着儿子的夸奖。

这不是火鸡，儿子实话实说，虽然我们两个人千辛万苦地忙碌了半天，儿子依旧不领情。“火鸡有漂亮的尾巴，这只火鸡的尾巴在哪里？”儿子不满地看着我们，振振有词地问道。

这家伙的观察力，怎么变得这么好？我们两个人面面相觑，连儿子这一关都过不了，老师那里更不用说了。

真是天无绝人之路，我突然想起大箱子里有几个从国内带回来的毽子，本来想着在大学教书的时候，给美国学生介绍中国文化的时候用，因为他们从来没有见过这种具有民族特色的东西。但现在工作没有着落，那就先给儿子用吧。

拿出毽子，我想这个火鸡我们已经做得太多了，应该让孩子自己动手，毕竟这是他的作业，如果什么事都帮助他做好了，他的动手能力将如何培养？

于是，我把毽子递给了儿子，告诉他这是你的作业，你想办法把鸡毛粘到公鸡的身上吧。儿子抓耳挠腮地想了半天，使劲把毽子拆开，然后又用胶水一个个把五颜六色的鸡毛粘上去，我感觉光粘胶水不结实，于是又拿起针线把鸡毛缝在上面。

经过全家人齐心协力的工作，没有多长时间，一只有五颜六色尾巴的大火鸡就出来了。

我们全家花费了整整一个晚上，费尽心思，终于做出了一只大火鸡。看着这个五颜六色的大火鸡，儿子终于开心地笑起来。

终于过了这一关，原来在美国，小学生的家长不是那么好当的。在我和老公帮助孩子做火鸡的过程中，我们感到这个作业不错，家长可以加入到孩子的学习中，帮助孩子提高想象力和实际动手的能力。

第二天，看着儿子拿着火鸡开开心心地上了校车，我感到这就是世界上最独特的一只火鸡。

后来，我去孩子的学校，看见他们教室外面的墙上，密密麻麻地贴了大约有18只花花绿绿的大火鸡。这都是一群什么样的了不起的大火鸡啊，我看了以后，张大了嘴巴一时间没有合拢。

有的孩子做的火鸡是在塑料板上面沾满了五颜六色的糖果，那些糖果的形状各异，有圆的，有椭圆的，也有一些我难以言说的具体的形状。颜色也让人吃惊，五颜六色，花花绿绿的，这个火鸡的设计倒是有些像中国的火凤凰，不知道他们是不是自己在网上收集到了中国的火凤凰作为火鸡的原型。

有的孩子做的火鸡是用扣子粘贴而成的，他们是怎么会想到用扣子做啊，扣子都是很细心一个个粘上去的，不知道花费了多少时间和精力去完成的。

有的孩子做的火鸡是巧克力火鸡，这个最馋人了，一个个巧克力在墙上挂着，难免会让人产生去尝一口的想法。

还有的孩子做的火鸡是用羽毛做成的……

冰冻三尺，非一日之寒，没有一段时间的手工制作，不花费一番工夫难以达到这个水平。

难怪美国人总是想象着星球大战，想象着外星人，想象着一些现实生活中不存在的事情。从孩子手工的创作之中，我找到了这些幻想的土壤和萌芽，美国学校对孩子思维和创造力的培养确实下了不少工夫。

这些火鸡靠孩子自己是难以全部完成的，多少有些家长的功劳在里面，也许不少家长都花费了不少时间。儿子的火鸡也在其中，我有些脸红，这只火鸡的手工，只能算是中等，或者说是比较下等。和周围那些设计精致、造型奇特、想象丰富大胆、让人叹为观止的火鸡相比，还有很大一段距离。

这只曾经让我们全家骄傲无比的大火鸡，在这群色彩鲜明、栩栩如生的火鸡之中，显得呆头呆脑，我看了后，非常不好意思。

来美国之前，我在很多资料中，看见过中美学生之间动手能力比较的不少文章，上面都说美国学生的动手能力远远超过了中国学生的动手能力，当时我没有感觉。看了美国小学生们制作的这些火鸡之后，我有种百闻不如一见的感觉。

美国学校给学生们在课内和课外创造了很多动手实践的机会，鼓励孩子们去摸、去动、去操作。美国的人工非常贵，美国人喜欢凡事自己动手干，自己盖房子、做家务、修车、装修房子、组装家具、装电器、打理院子、打理游泳池、修剪草坪、装饰圣诞彩灯。原来美国人的动手能力强，也是从娃娃开始抓起的。

的确，美国的学校非常注意培养孩子的动手能力，对他们的成长非常有帮助。由于学校的重视，美国孩子们动手这样强也就不足为怪了。

美国小学对于学生的动手能力和学生创造力的培养，有许多值得我们学习的地方。在这一点上，国内的基础教育应该多学习一下美国，在孩子学习知识的同时，也要多增加一下他们的动手能力。

一波刚平，一波又起，没有多久，新的事情又来了。这次儿子要求我给他买个棒球，因为老师说每个孩子必须要会打棒球，尤其是男孩子，没有不会打棒球的，但是儿子却不会打棒球，这让儿子非常尴尬。

既然孩子开口，能办到的事就去办吧，况且他的要求并不过分。我马上就答应了，因为棒球是美国的国球，在美国非常流行，普及程度相当于中国的乒乓球。要是哪个人不会打棒球，几乎让人不可思议。孩子要棒球是一个非常合理的要求，我和老公很快就把棒球买回来了。

买棒球后，陪孩子练球，变成了一件非常麻烦的事。本来老公对棒球一窍不通，但是儿子却缠着他，要他帮忙。老公只好去陪练，虽然他对棒球是个门外汉，一点兴趣也没有，但只好赶鸭子上架，帮他捡球，又从网上收集如何练习的资料，舍命陪君子，忙得不亦乐乎。

老公在美国大学工作一段时间后，发现美国大学的运动场似乎比教室里面的人气更旺。大学里人最多的地方不是教室和图书馆，而是运动场和健身房。周六和周日，运动场上有多种球类比赛，孩子的父母亲都前往参观，看得津津有味。

夏老师告诉我们，美国是非常重视运动的国家，美国人无论是在时间上还是精力上，对运动的投入非常大，体育在美国人的生活中占有相当重要的位置。在美国，从学前班到大学，上到总统下到平民百姓，几乎所有人都热衷于体育锻炼。

美国小学的体育课非常多，在学校里，各种体育比赛一场接一场，一年四季几乎每周不停，加上平时的训练，美国学生在各种团队里度过的时间是个很可观的数字。如果再加上各种兴趣小组、戏剧小组、乐队、舞蹈队、唱诗班这些需要团队活动的团队，大概就很少有不具备团队经历的美国学生了。团队对培养美国学生协同工作的好习惯起了很大作用，所以美国人的团队精神也非常强。

在美国大学校园中，最引人注目的，常常是运动员和具有运动员气质的学生。

美国许多政治家和企业家也对体育活动情有独钟，并将体育这种媒介运用到社交生活中去。

美国孩子从小学开始就是泡在运动场上长大的。大量的体育锻炼加上合理充足的营养使美国学生大都长得牛高马大，就连女孩子对体育也十分热衷。

我认识的一个美国朋友，她有五个孩子，其中最小的那个孩子长得甜美无比，才5岁就已经开始在学前班里踢女子足球了，她的父母为孩子能够选入到学校的足球队而感到自豪骄傲。她的皮肤非常白，在强烈的阳光之下，依旧是雪白。

美国的小学生，即使家庭最困难，在营养上也不用担心，国家对在生活线之下的孩子有各种补助，他们在学校里可以吃到营养丰富的食物，平时也可以领到补助。

美国学生吃得好，而且又注重运动，玩起来不要命，所以学生们一个个壮得像头小牛犊子。在整体素质上，美国孩子的身体比中国孩子好。在美国的学校里，体育好的学生会受到同学们的推崇，那种肌肉发达、动作灵活的运动员型的学生在美国的学校里是十分普遍的类型。相比之下，在国内的学校里儿子豆芽菜式的体型比比皆是，小胖墩式的身材也越来越多。

由此看来，学会打棒球有利于孩子的交往，孩子的友谊就是在游戏中培养出来的。一个体育很棒的孩子，在各个方面都占有优势，会让他的同伴们认为他很棒，有利于孩子快速地融入到集体当中去。孩子要是学不会打棒球，在班级里很容易被看作是异类，会被其他同学孤立。

儿子的性格属于沉默寡言那类的，英语也不好，在班里交朋友已经处于劣势，要是体育再不好，更容易让他和同学们疏远。长此以往，对孩子的性格和自信心的成长，将会非常不利。从某种意义上来讲，美国小学生的体育好，甚至比学习好还重要。

我一直寻找儿子在美国社交方面的突破口，现在终于发现，让孩子多参加运动，可以结交一批孩子，而打棒球又是其中最容易交朋友的一项运动。

老公的工作比较忙，但他知道了学习打棒球的重要性和必要性后，经常抽出时间陪儿子练习，每次都练得满头大汗、汗流浃背。

有一次，老公陪孩子练球的时候，由于太投入，不小心把脚给扭伤了，当时他就疼得坐在了地上动不了，后来勉勉强强地站了起来，走起路来疼得直钻心。在家里养了几天后，上班去了，不幸的是，整整一个月的时间脚一走路就疼，走起路来一瘸一拐的。

“哎，美国小学生的家长并不好当，把我的筋骨都折磨成这样，在国内虽然不容易，但只是脑子累、心累，在美国做家长，不但身体累，连人身的安全都没有保障。”看着儿子睡着了，老公摸着那只扭伤的脚，也唉声叹气入梦了。

我却翻来覆去睡不着觉，想到国内的孩子们此时正在努力地学习，而儿子到了美国读书，学习似乎成了课外的活动，体育成了主要的功课。每天放学回到家里汇报学校生活的时候，大部分都是在学校里参加了什么样的体育活动或者是上了什么手工课，要不就是到哪里去参观了，很少谈学习。

有的时候儿子回来也喊累，但不是上文化课学习给累的，而是上体育课给累的。体育成了学校生活中相当重要的一个组成部分，他在学校里学习游泳、学习踢足球、学习打棒球、学习打橄榄球，据说到了冬天还要学习滑冰。

在这里，学习知识成了次要的事，排在了体育的后面。儿子在美国上了这么一段时间的小学以后，饭量开始增大，身体壮了很多，我既开心，又有些心烦。我在感谢美国小学的同时，开始对美国小学的教育思想和教育理念产生了很多疑虑。

学校应该是学习知识的地方，是为了将来有一个好前途的地方，可是现在孩子每天除了学习外，什么都忙，每天三点左右，学校就放学，这样的学校是否太松懈了？

在国内经常听说美国小学的基础知识不如国内牢靠，现在有了体会，这样不引导孩子学习，只是引导孩子玩的学校，把孩子交给他们去教育，对孩子的未来是否合适？我开始对儿子现在的学习担忧起来。突然怀念起国内的小学，最起码在那里，孩子的一切都在掌控之中，业余时间还可以上辅导班，而在美国，小学教育对孩子的学习似乎根本不放在心上。

最近一段时间，孩子拿回家不少学校的作业。数学都是简单的3加5之类的10以内的加减法，丝毫没有挑战性。

英语对孩子来讲很有难度，语言的提高不是一朝一夕的事，需要时间。其余就没有什么学习的任务了，孩子突然有了这么多没作业的业余时间，满脑子想的全都是如何去玩，但他又苦于无法找到合适的朋友。

时间过得飞快，转眼一个月的时间过去了，我的工作申请还没有什么进展。系主任很忙，一直没有约见我，我只好在家里继续等待，同时也继续寻找其他的工作机会。

由于工作的事迟迟没有落实，我总是心神不定，所以，对孩子的教育也没有系统地安排，心里很不踏实。哎，新到一个陌生的国度，自己的前途，孩子的未来，一切都难以掌控，真是万事开头难啊。

儿子刚刚摆脱应试教育的压力，享受到美国宽松的基础教育，我却开始怀念起国内的应试教育了。最起码，在国内孩子还能学习一些知识，可是在美国，孩子似乎太悠闲了吧？悠闲的让家长心里不踏实。

第二章 做美国小学生的老师，感受丰富多彩的校园生活

第一节　美国小学单独开的家长会

我通过网络联系了几个每月将近三四千美金的工作，但都不在纽约，而是在美国中部的一个州，离我目前的地方非常远，要是去工作的话，就意味着过两地分居的生活，无法在家里照看孩子了。

如果有了这样的收入，家庭的经济非常宽裕了，我想立刻就过去工作，但一想起儿子，心里却又放不下心来，心里很矛盾。

老公对我要去外州工作，过两地分居的生活，没有时间顾家，表示了一万个不赞同，最后我只好作罢，一心期待着校园里的工作。同时我也关注着城市附近其他工作的机会，最好离家不要太远。

这个时候，我边找工作，边关注孩子的变化。我每天都在班车点接孩子，美国小学上学的时间和国内一样，但是放学的时间却很早，三点多就放学了，儿子就从学校黄色的大班车上下来，然后我们一起回家。

虽然孩子一直对学校反映不错，但我没有亲自去学校体验，总是放心不下，尤其是孩子的语言问题，一直是个心事。我习惯了每天回来检查作业，可是这里的作业却很少，数学简单，没有任何的挑战性。

儿子的语言跟不上去，他的语言作业必须辅导才可以完成，最让我牵挂的还有他在学校的交往情况。

虽然校长秘书信誓旦旦地说孩子的交往不成问题，但百闻不如一见，我还是想亲自和孩子的班主任谈谈。况且美国人的话，我总是将信将疑。最近我在网络上看到了不少关于美国校园暴力的报道，尤其是华裔少年在美国校园受到欺负的报道，给我的内心造成了不小的冲击。

正当我为孩子在学校的学习情况感到担忧，想找个合适的机会，到孩子的学校找老师交谈一下时，没有想到机会突然来了。

一天，孩子回到家里，告诉我他们学校要开家长会。我看见通知上写的开会的时间，大约是在晚上六点左右，感到非常奇怪，搞不懂老师为什么选择这个时间开会，为什么不选择更好的时间段，要知道，这个时间段，正好是用餐的时间。

疑惑归疑惑，会还是要去开的，毕竟是第一次，作为家长要和老师见面，是一件非常正式的活动，也许会认识很多美国的家长，必须穿戴得体。于是，我和老公穿戴整齐，早早就来到了儿子的小学。到了校园，我们看到穿戴整齐的美国家长，成双成对地进出各个教室。美国父母对孩子的家长会非常重视，很关注孩子在学校的表现，可怜天下父母心啊，在对孩子的爱上，中美父母都是一样的。

我们直接走进了儿子的教室，奇怪的是，教室里只有孩子的老师和另外一个家长坐在一起谈话。我和老公面面相觑，不知道那些家长是没有按时来，还是我们把开会的时间给记错了。

“你好，我是来给孩子开家长会的。”我想其中的一个人肯定是老师了，于是我就直接走了进去。

“请你等一会儿，现在我正在开着家长会，我们还没有谈完话，我记得告诉你的时间是六点左右。”虽然他们的谈话被打断了，但其中的一个人依旧和善地说道，我想他一定是老师了。

“是的，是六点左右的时间。”此时我心里豁然开朗了，原来美国学校的家长会是一对一进行，这样的形式确实很独特，可以和家长多沟通一下孩子在学校里的表现。我的孩子是最后一个来到这个班级的，所以他把我们排在了最后一个。

我有很多话要和本杰明老师沟通，除了孩子在学校的表现以外，最近孩子也要考试了，可是孩子却没有抓紧学习的迹象。期末考试是统一出题，我感觉他的语言考试一定不怎么样，为他的成绩非常担心，于是我和本杰明沟通这个问题。

我正在考虑如何和本杰明交谈，本杰明把刚才那个谈话的家长送出去，走过来约我谈话了。虽然我们经常在邮件上相互聊天，但在现实生活中还是第一次见面。我发现儿子的老师是一位非常具有感染力的老师，非常有人格魅力，难怪孩子喜欢他。

他是一个身高大约为1.88米的男老师，金发碧眼，英俊潇洒，年纪和我差不多。他非常和蔼客气，待人很热情，好像家长如同上司一般，和国内老师拒人千里的态度截然不同。

对于班主任的殷勤，我有些不太习惯。国内有些老师自认为自己不但是孩子的领导，而且也是孩子家长的领导。在家长面前都是神气活现的，家长和老师打交道都赔着小心，生怕哪句话说错了，孩子在老师的手下受气，大部分的家长对老师的态度都是毕恭毕敬的。老师对家长基本上都采取教育的态度，好像家长的智商和他们的孩子一样高，把孩子所犯的任何错误都归结在家长身上，即使家长心里不服气，表面上也得给老师留面子。

没有想到在美国，家长却被老师巴结，仿佛孩子所有的错都是由于老师教育不好的缘故。被老师教育惯了的我，突然间从奴隶变成了将军，有些受宠若惊，一时间接受不了这份尊重。

“请问孩子在班级里学习怎么样？” 我直奔主题，因为这是我最关心的问题。

“你是说你的儿子吗？”本杰明说道，“他是个天才，你不知道，我第一次见到这么聪明的孩子，他具有非常优越的数学才能，这样的天才，我是很少见到的，我很荣幸有机会做他的老师。”本杰明谦卑地说。

“谢谢老师。”听了这些话，我就像喝了蜜一样甜，没有母亲不愿意听人家夸奖自己的孩子。“班里其他孩子的数学也不会太差吧？”

“比不上他，他是最好的，像他这样有数学头脑的学生不多，至少我见的不多。”本杰明诚实地说，然后又拿出一些还没有发下去的作业卷子，“你看这么难的题，他很快就可以做出来，连想也不用想，他天才般的数学能力，让所有的孩子吃惊。”

我拿起卷子看看，发现都是一些10以内的数学题，这些在国内都是学前班就解决掉的问题，在美国这里都二年级了，学生们才开始接触。这都是最基本的算术，看来并不是孩子有多聪明，而是这里的数学课本实在太浅了，当然我没有好意思把这些话说出来。

“我想知道孩子最近在班里交往的情况。”我开口就问。

“这个你不要太担心了，他的语言进步非常快。”为了证明他的话，他把儿子喊过来，问了一句，“你喜欢我们的学校吗？”

“是的，我非常喜欢。”儿子点点头。

“你知道今天星期几吗？”

“今天是星期一。”儿子认真地说道。

“怎么样，不错吧？”本杰明对我说。

“是有不少进步。”

“不过，我想要是他再掌握多一些就会更好了。”本杰明似乎要说什么话。

“你的意思是？”看着老师欲言又止的样子，我的心有些下沉，我不知道，他到底要表达一个什么样的意思。

“要是他的语言进步再大一些就更好了。”本杰明说道。

“他的语言存在不少的问题？”我问道。要是在中国开家长会，班主任经常会在全班家长的面前，点出几个同学的名字，作为批评的对象，直言不讳地把这些同学的问题说出来，并且给很多相关的建议。被批评同学的家长坐在教室里非常尴尬，老师说出很多家长不爱听的话，家长虽然不开心，但也明白老师是出于一片好心。现在家长一个个进来坐下，肯定不会有被老师在全班点名的尴尬了，我倒是希望本杰明老师实话实说，谈谈孩子在学校里所面对的问题。

“其实没什么。”也许是看见我脸上的表情有些紧张，本杰明把应该说的话似乎又咽了回去。“他是一个非常优秀的学生，你不用太担心了，他进步非常快，尤其在语言上，他的数学更是无人匹敌的。”本杰明老师又开始老生常谈夸奖孩子了，把我心里所有的疑惑一个个全部都打消掉。

我问本杰明："每天孩子带回来的这些资料都是你编写的吗？"孩子每周带回来的彩色打印材料和现实生活的联系比较密切。

记得儿子刚到这个学校上学的时候，资料上有几幅连环画，上面画了几个美国小孩对新来的亚裔小孩表现出一种不礼貌的排斥表情。我想，这些是不是本杰明在班里教育他的学生不要排斥新同学，也许这些内容是为儿子编写的。

没过多少时间，美国的奥巴马总统开始他全球闻名的就职演说，孩子带回来一些关于奥巴马的资料，资料上简单地介绍了奥巴马的生平，还有关于美国总统的一些常识。于是，孩子就开始做美国总统的梦了。

我发现，孩子的这些材料都很有时效性。

"是的，有一些是我编写的。"他说。

"你真不简单。"我真心实意地说道。的确，本杰明老师编写的这些资料内容非常丰富，有关于植物的，有关于动物的，也有关于介绍宇宙、太阳系行星的，孩子非常喜欢这些行星，很快就记住了八大行星的名字。老师为学生编写这么多好的资料，一定花费了很多心血。

有一次，孩子拿回来了一套中国春节的资料，上面详细地介绍了中国春节的来历、习俗，还有一些年画。我这才想起来，原来在国内该过春节了，来到美国这段时间，忙忙碌碌地，周围熟悉的华人朋友不多，所以把春节彻底忘记了。难得本杰明老师竟然还能想起中国的春节，并且为孩子编写了关于春节的资料，可见是一个多么细心的优秀老师。

这次在家长会上，本杰明老师告诉我，儿子被评为了班里每月一名的"超级明星"。所谓的超级明星，就是在各个方面都表现很好的孩子，这对孩子来讲是一个非常高的荣誉。说句实话，孩子能有这么好的成绩，我心里都有些不踏实，因为他刚来，语言有不少问题，没有融进班级。

"他是个难得的孩子，最近他的学习进步非常快，和学生的交往也比以前好多了，尤其是他的数学天赋，我感觉到他是个百里挑一的孩子，所以，他是我们这个月的超级明星。"本杰明老师说得非常坦诚。

作为母亲，听了这些话，心里就像吃了蜜糖一样甜。在国内的时候，他所有的表现都非常平凡，没有想到在美国就像一条跳过龙门的小鲤鱼一样，被美国的老师发现了。

当然，作为教育工作者，我知道这并不是儿子本身的素质发生了天翻地覆的变化，不同的只是所处的教育环境发生了变化。当学生受到重视的时候，和被忽略、被歧视的时候，所表现出来的样子，是有所不同的。在学校里，老师对孩子的评价具有决定性的影响，有这样随时关注着、鼓励着孩子的老师，对孩子的成长是个有利的条件。

我计划着回家以后，彻底地为儿子庆祝一下，哪里还有比老师对学生的重视更开心的事?

本杰明是一个公平的教师，他不会偏心某一个孩子。在他的眼睛里，儿子是个优秀的好孩子，他很爱孩子。我相信这是真的，因为老师是个虔诚的基督教徒，在美国，大部分城市都有教堂，周末的时候，本杰明都去教堂，他马上就要有自己的孩子了，所以他对班里的每一个孩子都充满着爱，有时候，我感觉他有些溺爱孩子。美国小学的小班制，使得教师有充分的时间和精力去照顾每一个孩子，每个孩子都会得到老师足够的关注。

“孩子是不是还有很多缺点？”我客观地说，“作为一个老师，不应该只发现学生的优点，也应该发现学生的缺点吧。”我很小心地说。

“即使孩子有缺点，也是因为他还小的缘故，再大一点的话就会改掉。作为老师，作为孩子的家长，我们必须有足够的时间和足够的耐心，看着孩子一点点改进。”本杰明依旧非常和善。

我们又谈论了很多关于孩子在学校的事，本杰明的话有很多值得我同意的地方，尤其是他对孩子们的态度掌握得恰到好处。因为对孩子来说，如果管得太严，给孩子们的压力太大；如果过分地纵容，又会使得孩子们过分地放纵。

我也看了班级里其他孩子的作业，有些写得不是很认真，但本杰明老师依旧给他不错的成绩，几乎所有孩子的作业都是优秀，哪怕是他做题错得很多。要是这些作业的主人在国内，老师早就会把他们训斥得体无完肤了。

看来美国的教育是以鼓励为主的，老师总是尽量鼓励学生，给学生以信心。学生只要稍微做出一点成绩，老师就大加表扬，美国老师总是拿着显微镜去寻找学生们的优点。这样的评语对于家长也是一个正面的信息，孩子在学校表现是优秀的，作为家长，你应该相信教师的能力。

相比美国老师对孩子平等的态度，国内的某些教师差得很远，老师们总是非常执着地拿着放大镜去发现学生们的缺点。

虽然大部分老师是好的，但却有不少老师非常偏心。对她们所喜欢的孩子，眼睛里只有优点没有缺点。我听一个家长告诉我，她儿子班里的老师非常偏心某个孩子，把那个孩子都捧上了天。在她的眼里，那个孩子什么都好，父母有钱有势，孩子也懂事，本来一个很普通的学生，在老师的嘴里变成了一个神话，老师号召全班的孩子要向那个孩子学习，她的一举一动，都是最好、最完美的。

老师的口头语经常是，你看看人家某某，什么都好，为什么你就这么笨？

要是那个孩子和别的孩子有冲突，老师立刻站出来，为她撑腰，把别的孩子批评一顿，让他们写检查。

开家长会的时候，她在所有家长面前表扬那个孩子，号召家长也要培养出一个这样的孩子。

老师张口闭口，只有那个学生，而对其他的孩子，她却很少提及。

如果班级里有同学迟到了，肯定会挨训，但同样的事在受宠的孩子身上发生，她却不会受到任何责备。

平心而论，那个孩子也有不错的地方，值得老师喜欢。但是作为一个老师，对所有的孩子都应该是公平的，不能过分地偏心某一个孩子，而忽视全班大多数的孩子。

老师不知道，她这样过分偏心某个孩子，过分地表扬某个孩子，会对班里其他孩子造成很大的压力。这样就等于忽略了大多数孩子，因为她根本就看不见其他孩子身上的优点。班里很多孩子回家对家长说，老师为什么只喜欢那个孩子，不喜欢我们呢？

老师只偏心某一个孩子，会使得班级里其他的孩子不愉快，感觉自己受到了冷落。而受老师宠爱的孩子，从小就感觉自己高人一等，处处都比别人聪明。教师的这种教育方式，完全背离了教育的本质。基础学校教育是一种普及教育，是为了所有孩子都接受到平等的教育，而不是只关注少数的孩子。

基础教育也不只为某一个人设置，老师的做法不但使孩子不开心，而且家长也反对，在这样的班级里，大家都很压抑。

希望像这样偏心、不公平的老师多反思，不要以摧残大多数学生的自信心为代价，去成全少数学生的自尊心。公平对待所有的学生，无论是贫穷还是富有，这是教师最基本的素质。要是国内小学的孩子们也能享受到公平的待遇，不再以家庭出身、学习成绩给孩子贴上不同的标签，这样，我们的孩子就会开心许多。

第二节　美国小学的特殊教育

美国小学的老师为我的儿子付出了很多，我对他们怀着感激之情。

美国中小学对于外国学生都配备有外语老师，儿子刚来这所学校，学校专门为他一个人配备了语言辅导教师，教他学习英语。同时还有一个心理辅导老师，给他在心理上采取缓解的措施，帮助他慢慢地适应新环境。

美国学校的心理辅导老师是一些经过专业训练，取得本科以上学位，并且通过资格考试的专业教师，学生在遇见挫折的时候，可以在他们那里获得缓解。

儿子的身价不菲，一下子有两个美国老师围着他转悠，精心地教育着他，在老师的帮助下，他有了一些进步。

儿子的英语辅导老师叫怀特夫人，她是一个长着银灰色头发的中年妇女，身材不高，人到中年，非常和善。因为儿子的语言不好，在学校里学习和交往都受到影响，为了快速提高儿子的语言水平，怀特老师每天都用一节或者两节课的时间，把儿子叫到办公室，给他单独开小灶。

刚开始见到她的时候，儿子还很拘束，因为怀特说了半天，儿子也不知道她在说什么，于是，怀特就拿出一些画册，连比划带说，儿子渐渐地明白了一些单词。

后来儿子慢慢地熟悉了怀特夫人，就开始放松了，在她的办公室学习就非常随意。有的时候坐在椅子上，有的时候坐在地上，就像玩游戏，儿子回家后经常给我讲述怀特老师与众不同的教学方法。

怀特夫人是学校里的特殊教育老师，她是一个非常有爱心的老师，尤其是语言的教学别出心裁，非常注意用情景教学法去教育孩子，为孩子创造合适的教学环境。

怀特夫人也是快乐教学的亲身实践者，为了教儿子学习几个单词，她专门给孩子拿出一个小花盆，然后又拉着儿子的手，去校园里散步。他们一边散步，怀特夫人一边给孩子介绍学校的环境，怀特夫人看见楼，就告诉儿子楼房的单词，看见树木就告诉儿子树木的单词。

在教学楼周围的花园里，怀特夫人停了下来，让儿子看看这里的植物。花园里五颜六色的花争奇斗艳，儿子看得眼花缭乱，最后，他的目光集中在了一棵奇特的植物上。

这棵植物大约有20厘米这么高，上面开着几朵蓝色的花，儿子不知道它叫什么名字，但是发现这朵花很有意思。于是，怀特夫人和儿子一起，把这棵可爱的植物挖出来，种在花盆里。

在儿子栽种植物的时候，怀特夫人告诉儿子，“花盆”、“采集”和“土地”这几个词的读音和用法。

儿子一边开心地忙着手里的业务，一边跟着怀特夫人学习，玩的时候，顺便就把这些单词的读音学会了，丝毫不费力气。

然后怀特夫人指着这棵植物问孩子：“这棵植物是我送给你的，你喜欢吗？”这次，怀特夫人又开始教新的单词“植物”了。

“当然喜欢这棵植物。”儿子开心地说，同时他学会了“植物”这个词。

“可是你却没有告诉我，你喜欢这棵植物的原因。”怀特夫人一遍遍地重复着“植物”这个单词，同时也让儿子反复地重复这个单词，好加深印象。

“所以，我还没有决定给不给你这棵植物。”怀特夫人装作犹豫，把手里的植物向自己的方向拉了回来。她这样做的目的，其实是想引导儿子说出更多的话。她的教学方法非常灵活，就像在玩，让儿子感觉不到上课，好像在做游戏一般。

“因为我以前没有见过这棵植物，而且它实在是太奇怪了，花朵为什么会是蓝色的？我以前在国内的时候，见到的可都是一些红色、黄色的花朵，这棵植物为什么是这样？老师，你把它给我吧，我一定会好好地照顾它的。”儿子生怕怀特夫人改变主意，于是，努力地组织语言，去解释想要这棵植物的原因。

“可是，你打算怎么照顾这棵与众不同的植物呢？”怀特夫人问。

“我每天都给它浇水，拿出去让它晒太阳。”儿子费力地收集着他有限的几个单词，连笔划带说，同时，努力地想着他所知道的培育植物的有限知识。

“啊，真不错，你是个聪明的好孩子，我已经有给你的想法了，你还有其他的办法去照顾这棵植物吗？”怀特夫人继续引导儿子说下去。

“好像，好像是不是再给它一些养料？”儿子有些犹豫，因为他不知道该怎么说了。

“那是当然的，看看这棵植物是与众不同、非常有趣吧，那么你知道叶子在哪里吗？”怀特夫人问儿子。

“在这里，这棵植物的叶子并不是很浓密。”儿子指着叶子说。

“是啊，这我完全同意，你说叶子是什么颜色的？”

“叶子是绿色的，好像也有点褐色。”儿子仔细地看了半天，最后说道。

“好，这不错，叶子就是这样的。”怀特夫人一遍遍地重复“叶子”如何发音，这次学习的重点词变成了“叶子”。

“那么你说，叶子这么写，对不对？”怀特夫人把“叶子”写在随身带的纸上，也让儿子写几遍。

学会这棵单词以后，又指着植物开始教他“植物”“花朵”“根”等单词的写法。儿子在游戏中很快就掌握了这些单词。

为了教颜色的单词，怀特夫人专门拿出一本图画书，又拿出几只蜡笔。她先是指着一种颜色，告诉儿子这棵颜色的发音，等儿子明白这棵颜色的意思以后，怀特夫人就给儿子考试。她让孩子在图画书上填颜色，图画书上标了很多动物和植物，还有一些五颜六色、让人一看口水就要流出来的食物，在空白之处写了很多关于颜色的单词。

旁边放了很多的彩笔，如果孩子填对颜色了，说明他真的掌握了这几种颜色。一般情况下，儿子都可以比较准确地把颜色画对。

要是儿子做题做得全对，怀特夫人就拿出一些卡片奖励他，不要小看这些卡片，在儿子的眼睛里真是意义不凡啊。因为要是把卡片积累到了三五张，就可以换很多好吃的糖果和小点心吃，儿子很喜欢玩这样的小游戏。

晚上回家的时候，儿子告诉我，他现在很富有了，因为老师给了他很多的“钱”。这些钱在怀特夫人那里可以换不少好吃的东西，儿子经常想着如何去挣更多这样的钱，好换很多好吃的食物。

更多的时候，怀特夫人拿出一套类似于国内儿童识字的识字卡片，教孩子学习单词，她说一个单词让孩子从卡片里找出相关的意思。

不过这个项目，她经常借助电脑，从电脑上查询相关的资料，帮助儿子翻译成汉语。

只不过儿子回来后，经常告诉我，怀特老师用电脑翻译的中文句子，有些奇怪，但儿子也能明白它们的意思。

最有意思的是不知道她从什么地方找到了一个古老的在中国国内都已经见不到的古代图画书给孩子拿回家里看。

这本古老的、在我眼睛里都很奇怪的书，上面的男人穿着清朝的服装、扎着长长的辫子，下面写的是印制于民国多少年，是不是怀特夫人以为现在的中国还是那个样子。

真难为了怀特夫人，不知道她是通过什么途径，采取了什么样的方法，才搞到了这样一本介绍中国的书。因为上面有一些她也不认识的汉字，她的本意是让儿子对照着汉字的意思，去理解英语单词的意思。

怀特老师还把材料上的内容，放到网上翻译成中文。虽然她通过网络翻译的汉语让人惨不忍睹，但儿子还是可以明白它们的意思。有的时候，怀特让儿子把课文的故事复述一遍，有的时候，怀特让儿子用英语编个小故事。

开始讲故事的时候，儿子结结巴巴地复述课文、讲故事，他经常说完了上句就没有下句了。

为此我很焦虑，语言学习的平台期最让人焦虑，即使你付出了很多的努力，但丝毫看不出任何进步，儿子也不例外。

但怀特夫人不泄气，一直坚持着，依旧循序渐进地引导着儿子，慢慢地，儿子讲故事的语速越来越快，讲的故事也开始长了起来，有了一些情节，到了后来，儿子就可以很流利地讲述着小故事。

儿子原来并不喜欢英语，更讨厌背单词，现在在怀特夫人的鼓励下，他渐渐来了兴趣。有的时候，他的嘴里嘟嘟囔囔地说着一些谁也不知道的话，这个时候，我从来不打搅他，给他充分的空间沉浸在自己的世界之中。

有一次，他竟然编了一个完整的英语小故事——“我在学校的一天生活”，回家后讲给我听，我开心极了。

这个故事非常简单，就把他一天的生活简单地介绍一下，讲讲自己在学校里所遇见的事，早上去上课，先吃点心，然后就是本杰明老师的数学课，然后就是游泳课。很快就到中午吃饭的时间了，学生们把盛放食物的盘子端到教室里，边看电视边吃饭，很有意思。下午上的是体育课和数学课，最后儿子的结尾是，这真是快乐的一天。

怀特老师经常表扬孩子，你真了不起，你真不错。这类话，常挂在嘴边，因为美国的教育是鼓励式的，孩子所有一点小的进步都被老师用放大镜无限制地放大，这样对孩子的心理可以产生积极的暗示作用，他渐渐表现得很自信，变得活跃起来了。

不仅仅是怀特老师，体育老师也给了儿子很多的关注。体育老师在上课的时候，教学生们学习打棒球、学习游泳。其他美国孩子，从小就从事这些活动，所以老师教起来不费劲，甚至老师不去教，他们都会，老师站在旁边纠正孩子们错误的动作就可以了。

可儿子却没有接触过。不但自己没有打过，而且也没有见别人打过。他是一问三不知，什么动作都做不出来，只能干瞪眼。

在很多时候，体育老师专门抽出大量的时间，给他一个人讲课，告诉他如何拿拍子、如何接发球。由于语言上的障碍，儿子学得很慢，于是，体育老师就不厌其烦地站在儿子的旁边，仔细地教他，于是体育课上，相当长的一段时间，都成了他一个人的课堂。

美国小学的一个重要教学方式——外出远足，非常受孩子们欢迎。儿子的班里经常有远足的活动，有的时候他们去公园，有的时候去博物馆，有的时候去看电影，到了冬天，大家就一起到安全的山坡上滑冰。

滑冰的项目让我感到很害怕，当儿子拿回学校让家长填写的那张“远足同意书”时，我不想签字，当时就想给本杰明打电话，告诉他，我不让孩子去参加了。

我看见过我住的这个城市的美国孩子们滑冰，一般都是一群大孩子。要是小孩子，身边一定有家长陪着。他们拿着五颜六色的滑雪板，在一个比较陡峭的山坡上，坐在滑雪板上，后面的孩子使劲推他一下，滑雪板开始的速度就比较快，随后在加速度的作用下，越来越快，到了最后，就像发射火箭一般，飞了起来。有的时候，孩子尖叫一声，从滑雪橇上摔下去，虽然摔得很重，但却从来没有见到过孩子们哭，周围的孩子见到有孩子摔下去，就赶紧跑过去把他扶起来。

难怪圣诞老人总是坐着雪橇来，原来这里的孩子们都喜欢雪橇，所以他们听到圣诞老人也坐着雪橇来，就感觉非常亲切。

我们在国内的时候，住在冬天比较温暖的城市，一般下雪的时间不多，所以根本就没有参加过这样的活动。我感觉滑雪的危险性比较大，我真不敢想象儿子坐在雪橇上会是什么样的情况，生怕儿子出事。

“这次咱们还是不去了吧，下次再去吧。最近要是有时间，我带着你好好地练习一下，那样再去，我就放心了。”我劝着儿子。

可是，儿子坚决不愿意，一定要和同学们一起参加这个活动。在他的坚持之下，我只好答应了，但是心里却七上八下的。

趁着孩子不注意，我还是偷偷地给本杰明打了一个电话。告诉老师，对于儿子参加这个活动，我非常担心。

“你放心吧，我已经征求过孩子的意见了，孩子告诉我，在你以前居住的城市里，没有这么厚的雪，他是第一次参加这样的活动，心里很期待。我让班里几个技术高的孩子和他一起坐在滑冰板上，让他坐在中间的位置上，大家保护着他，他不会受伤的。孩子参加几次这样的活动，会增加很多不一样的人生经历和生存体验。如果不让他去，他会非常失望。”

本杰明老师非常地善解人意，他的几句话就把我心中的疑虑全部都打消掉了。

我又仔细地看了看那张远足通知书，这份同意书的大致内容，基本如下：

亲爱的家长们：

这个远足活动是为了补充我们的教学计划，它完全符合本校区的教学大纲。这个活动已经得到了学校负责人的批准。此外，平日里学生应该遵守的学生守则和学校规定，在远足活动中继续生效。如果您有什么疑问，请与负责老师联络。

于是，我在通知书上签了字，当然我在通知书上也注明了，这是孩子第一次参加滑冰活动，希望老师多加指导。

到了晚上，儿子回到了家里，他满脸通红，兴奋的脸上全是光彩。

“妈妈，你知道这有多刺激吧，我们从很高的山上滑下来，第一次的时候，我闭着眼睛，太紧张了，后来慢慢地就敢把眼睛睁开了，就像飞一样，我实在是太喜欢滑冰了。”儿子欢天喜地地说道，那种表情就像中了大奖。

“你滑了几次？”我问道。

“我滑了好几次，其实滑雪很简单，要是你害怕的话，只要你把眼睛闭住就行了。我很快就学会了滑雪，玩得很好，现在你放心了吧？下次我还是会去的。”

看见他这么开心，我终于放下心来，这次参加学校组织的滑雪运动，给了孩子一种特别的人生体验，对孩子今后的成长是宝贵的财富。

最有趣的就是孩子参加的美国万圣节前后的摘南瓜活动。快到万圣节的时候，孩子班里的几个家长约我带着孩子一起去采摘南瓜，这对我是个很有吸引力的活动。因为在当地有雕南瓜驱鬼怪、挂南瓜灯讨吉利、做南瓜饼求团圆的风俗，摘南瓜也是节日的一项重要的内容，万圣节要是改成南瓜节似乎更合适。

来到美国，异国文化总是要多体味的，这会多一种人生的经历，于是我毫不犹豫就答应了，开心地和孩子与他的同学家长们一起去南瓜园，儿子和他的几个同学一起出去玩，激动得前一天晚上没有睡好觉。

我们坐的是一个家长的可以乘七八个人的大车，沿途的风景就像油画一样美丽。走了一段时间，看见了南瓜地庄园的招牌。在栅栏的后面，是一片像草原似的绿地，似乎看不到尽头，绿地上一边有序地停放着很多来自四面八方的车辆。

我们停下车，穿过草地，再往前走，看见了数百亩大小的南瓜地。大大小小的南瓜满地都是，在阳光的映衬下，闪烁着金色的光芒。这里真是南瓜的世界啊，南瓜的形状万千，既有南瓜爷爷，更有南瓜孙子。小孙子南瓜只有几两重，大爷爷南瓜估计有上百斤。这里的南瓜是收费的，选好了南瓜在出口缴费。

在南瓜地里，前来选购南瓜的人多是一家老小集体出动，拉着小推车到地里挑各种适合于雕刻的南瓜。一般每家都会挑选三五个大小不同的南瓜回家雕刻。雕刻南瓜是西方万圣节的传统，大人喜欢大号的南瓜，小孩子喜欢小号的南瓜。

儿子选了几个很小的南瓜，样子可爱极了。我选择了几个中等大小的南瓜，抱在车上，在回家的路上，感觉自己就像富翁一样。

到了家里，我和儿子一起，把买回来的几个南瓜都刻好鬼脸，有的摆在了院子里，也有的摆在了客厅里，立刻屋里到处都是鬼脸的南瓜，充满了节日的气氛。

摘完南瓜，我还和班里的几个家长一起带着学生远足到苹果园里采摘苹果。美国苹果园的面积非常大，一眼看不见边缘。有各种各样的苹果，数量极多，大量的苹果落在地上自生自灭，在果园里使劲地吃苹果也不需要多花钱。

我们从汽车上走下来，孩子们看见苹果园，脸上就像点燃了火，眼睛直冒光。他们每个人都大声尖叫着，迫不及待地从车里跳了下来，飞也似的跑进了苹果园里，就像鸟儿飞到了森林，个个都充满了兴奋的表情，叽叽喳喳地喊着，像一群小麻雀，自然的怀抱博大精深，孩子们在它的怀里，全身心都舒展开来。

孩子们恨不得就融化在苹果园里，不再出来。

这群孩子看见苹果就开始摘起来，苹果的品种很多，有红的，有绿的，还有黄的，孩子们边摘苹果边吃着，他们的好奇心非常强烈，也不按照常规出牌。挂在树上的大的、红的苹果他们视而不见，偏偏找一些样子奇怪的苹果，比如说是两个长在一起的苹果或者是一些特别小、与众不同的苹果去摘。摘完了以后，相互比较，看谁找的苹果样子奇特。

车里的苹果越来越多，孩子们摘得也越来越熟练，他们好像有着使不完的劲。看着这么多苹果，我们几个家长感觉应该制止他们的干劲了，要是由着这群孩子干活，他们恨不得把果园里所有的果子都摘下来，拿回家。况且，摘这么多苹果也不是一时半会儿就能吃完的，放久了，苹果就会不新鲜了。

返程的路上，每个孩子的脸上都乐开了花，由于他们玩得实在太累了，大声喊饿，于是我们几个家长又带着孩子，跑到饭店里吃饭。

孩子们非常率直，坐在那里，放开肚皮大吃特吃起来，一个个开心极了。当然是各付各的费，在钱的问题上，美国人是从来都不含糊的，一般不会主动去帮助别人付钱，也没有帮助别人付钱的概念。在这一点上和中国人之间的相互礼让完全不同，我想，要是经常带着孩子和美国同学一起玩，时间长了，在消费的观念上，儿子一定会受到美国人的熏陶的。

除了单独的家长会以外，学校也经常邀请家长参加公开的教学活动。学校活动的安排，虽然时间紧凑，花样却很多。家长们除了旁听小学生们的上课学习活动，如果有兴趣，还可以留下来和小朋友们一起在校园里参加活动。

我随堂听了本杰明老师的几节课，因为本杰明的办公室就在教室里，所以他开始上课的时候，学生们并没有起立向老师问好，而是随意地坐在自己的位置上。有的孩子偶尔站起来，伸展一下或者喝点什么饮料，吃点小点心、糖果，也在老师允许的范围之内。

本杰明和平时一样，非常轻松随意地给孩子们上课。孩子们随便地坐在椅子上，听着他讲课，精神非常集中。有一两个孩子开点小差，拿起铅笔在纸上随意地画着什么，但本杰明却没有刻意地去制止他们。

美国小学对孩子们听课的坐姿没有什么过分要求，孩子们的坐姿非常舒适，可以斜靠着桌子，可以把头放在胳膊上，总之相对随意一些。

这一点比较人性化，我想起儿子国内的小学，孩子上学的第一节课，老师对他们的要求就是坐好，学生们必须坐得老老实实，双手必须背到身后或者是整齐地放置在桌子上，不能交头接耳，不能歪斜着身子，也不能趴在桌子上。

这一点对于天性好动的小男孩来讲无疑是一种酷刑，从心理和生理上对他们都是一个严重的制约和压制。可怜的是，老师们还不断地严格要求，以学生们呆坐不动的时间长为自豪。哪个学生呆坐不动的时间长，就被老师认为是好学生。真希望国内的小学老师对孩子们的坐姿宽容一些，再宽容一些，不要忘记了孩子们的心理特点和生理特点。

本杰明的课讲得非常生动，孩子们听得津津有味，教室里也很安静。本杰明老师讲的是太阳系的几大行星，这是孩子们最感兴趣的。

本杰明首先在电脑上放映这几大行星的位置和运动情况，把孩子们的注意力吸引进去。虽然儿子的语言存在障碍，但是他却同样看得津津有味，因为画面上讲的是太空，场面非常壮观，很吸引孩子的注意力。

看完了这段录像，本杰明在黑板上写了这几大行星的单词，然后画面上又出现了相应的行星，于是孩子们就在所发的作业纸上写这几个单词，每个单词只写几遍。

写完单词后，本杰明给每个学生发了关于这节课内容的练习卷子，卷子就是考察这几个单词的用法，题目设计得非常新颖，不是让学生们把这些单词简单地重复多写几遍，而是让学生们把一些杂乱无序的单词，用线条连在一起，组成一个个关于行星的单词。

这个题目并不难，我看见学生们开开心心地做起题来，就连语言上存在着障碍的儿子，也轻而易举地就把这些单词很快地连在一起了。本杰明走到他的身边，检查完以后，说了一句，你真了不起。儿子的脸上立刻就开了一朵鲜花，他得意地看了我一眼，意思是，你看我很棒吧，老师都这么说了。

其实本杰明不仅仅表扬了儿子，在一节课的时间里，他几乎把班里所有的孩子全部都表扬了一遍，孩子们对表扬虽然习以为常了，但依旧很开心。在美国老师的眼里，孩子们个个都是优秀的，虽然有些孩子其实就是超级笨蛋，但依旧活得阳光快乐。

由于孩子们这节课作业做得不错，所以每个人都得到了奖励，每个人的奖品都是一块彩色的棒棒糖，还有一个奶油小点心。孩子们开心地吃完了这些小点心，就跑到操场上玩去了，一切都是开心快乐的。在美国的小学里，不会有体罚，要是孩子违反了纪律，惩罚措施一般是罚坐，而不是罚站。

在这里，学习是很快乐的事，不用担心老师的批评，也没有任何压力。所学的知识点不多，学习的内容很简单，一般当堂就可以掌握，回到家也没有更多的作业。

把老师讲解的内容学会后，接着就有可以看见奖励到手了，比如糖果、点心，还有饮料。要是你不喜欢这些食物，你也可以要一些卡片，不要小看这些卡片，三五个卡片就可以在教室里换购一些你所喜爱的点心，难怪孩子们都喜欢上学，学校给孩子们带来了很多乐趣。

美国小学生是在快乐中学习的，虽然需要掌握的知识点并不多。

没有多久，孩子的期中考试就结束了，他把一个大的牛皮纸拿给我，我想这应该是他们的考试成绩吧。于是，我怀着非常愉快，当然也有些忐忑不安的心情，打开了书包，心想儿子会带给我怎样的惊喜。

这时候，袋子的里面掉出来了孩子的成绩书报告单，还有孩子的考试卷子。

结果让人很不开心，我差点晕倒，这位一直被美国最优秀的小学教师称赞为百年一遇的少年天才，语言卷子上的成绩是C，也就是比D稍微地高一丁点，说实话，看着他的卷面，给他D更适合于他目前的水平。

卷子的旁边是老师的评语，这个孩子这学期进步很大。他以前几乎不能说完整的句子，可是现在他能够说很多简单的句子了，最让老师高兴的是，孩子还可以连续地编几个小故事了。老师说教像儿子这样的学生，是她的荣幸。这应该是怀特夫人的评语。

看到这个成绩，我快崩溃了，有种世界末日要来到的感觉，没有想到啊没有想到，大家都付出了这么多，可是孩子却是这种情况。

我感觉到愤怒和忧虑，心里有火却发泄不出来，有种上当受骗的感觉，却不知道到底是谁骗了我。是本杰明吗？我心里恨恨地想，但一想起本杰明所做的耐心细致的工作，又感觉到良心上过不去。要不就是怀特夫人，这么一想更加感到罪过。那是谁欺骗了我，难道是孩子？

看着儿子眼睛里流露出的不自信，心里更是难过，哎，有火无处发泄，只好冷静。毕竟当了这么多年的教师，知道当孩子成绩不理想的时候，不能用粗暴打击的态度来对待。那样除了给孩子增加心理负担之外，不会有其他更好的用处了。我使劲地克制住自己，不在孩子面前表现出冲动的行为。

儿子倒是很懂事，他怯生生地看着我："妈妈，那些题实在太难了，我真是不会做，即使有一些看起来似乎很简单的题，我也是似懂非懂的，没有办法。"

我相信儿子说的都是真话，看来他的资质就是这样，他只不过是一个平平常常的孩子，没有什么特殊的才智，更不像老师说的那样，他是百年一遇的天才。想到这里，我有些郁闷，但事实就是如此。

"你的成绩还可以，刚到这个学校，以前有很多知识还没有学过，所以成绩一般，将来要继续努力。"我言不由衷地说，虽然心里很烦，但对孩子还是和颜悦色，毕竟他的水平就是如此。

"是啊，本杰明老师说我考得真是不错，他说根本没有想到我会考出这么好的成绩。"儿子想了想，似乎把本杰明的话转达给我，我就感觉到他真的考了一个很不错的成绩。

哎，又是那个本杰明，本杰明一直用最美丽的语言夸奖孩子，在他的描述中，儿子就是天底下少有的优秀孩子。每次我提出他的缺点，本杰明总是用美丽的词藻给我化解开来。如果按照他的描述，我的孩子应该取得很高的分数，可现在，却是这种情况，这样的成绩应该是全班最低吧。

此时，本杰明在我的心中变成了一个超级大骗子，要是儿子真的那么优秀，怎么会是如此的结局？按照老师的话来说，他是一个天才，天才怎么会考这样的成绩？

我终于明白，为什么那天本杰明老师欲言又止了。原来他是想说，其实你的孩子在语言上还有很大的差距，尤其是在考试上，还需要继续加强，作为家长，你很有必要给孩子补习一下功课。但由于文化交往上的差异，他在沟通的时候，话说得实在太委婉了，我没有听明白其中的含义。

其实，本杰明老师完全不用这么委婉，他直接把孩子的真实情况告诉我就可以了。虽然这些话听起来不动听，但却是真话，知道了孩子真实的情况，对孩子有一个正确的认识，直接对症下药。就像国内那些辅导机构一样，专门去攻克孩子不理解的难点，说不定在考试的分数上他还不至于这么差。

就像孩子国内的老师，家长要是问孩子有什么问题，老师一般都会实话实说，虽然不委婉，但良药苦口利于病，家长可以了解孩子最真实的第一手资料。

当然这些话，只能在我的心里想想而已，我是不能当着儿子的面说对老师不利的言辞，毕竟还要在孩子的面前给老师树立威信。

于是，我把孩子揽在怀里，试图给他一些安慰。孩子这样的成绩和我也有关，我对他关心不够，况且他来的时间太短，语言的提高也需要一段时间。

“你说美国人是不是非常虚伪，言不由衷，他们夸奖孩子的话，我能相信吗？”看着孩子这样的成绩，我问老公。

“也许这就是美国的教育方式吧，并不把成绩作为评论孩子的全部标准，他们更加关注的是孩子全部的成长，更加关注的是孩子的综合表现。即使他的成绩这么差，老师依旧会给他很多鼓励，并不像国内那样，成绩不好的学生就是被遗弃的、被看不起的二等公民。在美国，学习不好的学生，也能感受到老师的爱，也有被老师当作宝贝的资格。毕竟我们的孩子刚来美国，有很多地方还没有适应，以后会慢慢地好起来，老师也为他付出不少。”老公对此倒是非常看得开。

虽然我认为老公说的句句都有道理，但还是放心不下。在国内，看着孩子在应试教育下学习压力很大，现在到了美国，才发现虽然没有了应试教育，但孩子的各个方面依旧存在着很多问题。

原来所设想的到了美国孩子就可以放羊，把孩子交给学校，在美国学校老师的带动之下，任其自由地发展，就会培养出孩子的创造力，孩子的综合素质也会提高的计划与实际情况完全不同。

由于两个国家教师的评价体系相差很大，在美国教育体系中像一朵花一样的孩子，在中国的教育体系之下，也不过是一个平凡的孩子。

目前的实际情况是，我们来到美国后，对于孩子的教育，不但不敢有丝毫的松懈，相反，由于学校对孩子的学习成绩并不是很看重，所以家长的担子不但没有减轻，所要付出的反而更多了。不但要关心孩子的学习成绩，还要去关注孩子的交往和跨国学习所带来的心理压力。文化壁垒、文化冲击在孩子身上也会显示出来，虽然孩子并不一定能表达清楚，但却是客观存在的事实。

同时家长也要不断地适应孩子在新环境下所面对的问题。新的国度、新的教育体制与我们国内相差甚远，家长本身也要经历许多的蜕变过程，截然不同的新环境，对家长也是不小的考验。

因为作为家长本人，同样也面临着新的生活的挑战，需要不断地调整自己，适应新的环境，努力找工作，供养家庭，也在经历着文化休克所带来的危机。孩子到美国学习，接受美国的教育，所带来的一系列问题，并不像想象中那么简单，个中的酸甜苦辣，没有经历过的人是难以体会的。

第三节　做美国小学的老师

最近几天，儿子突然之间不喜欢穿一套从国内带过去的衣服，而且坚决不再穿了。我感觉很奇怪，这件衣服图案简朴，孩子穿在身上又暖和又合适，怎么突然之间儿子就不喜欢了。他一直对衣服没有概念，我给他穿什么衣服，他就穿什么衣服，从来都不挑剔，现在他的表现有些出人意料。

“妈妈，你看上面的图案太幼稚，不符合美国孩子的欣赏习惯，你给我在美国的商店里再买件新衣服吧。”儿子说道。

“你这个孩子真不懂事，衣服好好的为什么要换？你这么小就开始讲究起吃穿了？”我有很多话要教训他。

但是，有个念头在我的脑海里闪现，会不会我只看见了问题的表面，而没有看清楚问题的实质？实际的情况并不只是像表面那么浅显？

我隐约感到他和班里的孩子的交往有关系，最近他的奇怪行为还不止这一件，是不是在学校里有不愉快的事发生？

不知道他在班里是不是受到排挤，有孤独的感觉？亚裔的孩子在美国的学校受到排挤，遭受到校园暴力的报道并不少。即使那种明显的校园暴力少了，但是有些潜意识存在于人们的内心深处，并不是一下就可以消除的。即使不是亚裔，其他学校刚转来的孩子受到欺负也是正常的。我做老师的时候，经常看见班里刚转学过来的孩子，表情麻木孤独地坐在教室的角落里，郁郁寡欢，运气不好的孩子还会被霸道的同学们欺负。

我想再具体问问儿子到底学校里发生什么事了，但是话只说了一半，就看见儿子露出很不开心的表情，他的眉头也皱起来了。我想要是再问下去，儿子肯定会哭出来，我的心里很沉重。

儿子脾气很执拗，也内向，现在长大了，有自己的思想。在外面遇到委屈不愿意和我说的太多，我也不便多问，也许他不想让我们担心。

我知道有的事处理得太急，未必能达到合适的效果，甚至会把矛盾激化。冷静一段时间，从侧面了解一下，反倒是更容易解决问题。

但我不放心，感觉还需要到学校里看看孩子的情况，同时和本杰明老师开诚布公地谈一次话。谈谈如何改进孩子的学习，谈谈孩子在班级里的交往，从老师的嘴里知道更多关于孩子在学校的情况。

于是我又一次和本杰明约好时间，来到孩子的学校，把想法告诉了他。家长和老师多沟通，掌握孩子在学校的第一手资料是非常重要的。

我又一次来到孩子的学校，和本杰明老师面对面地交谈，但这次的交谈，比上次更有经验了。

“这个孩子的数学天赋令人惊叹，他竟然已经能够计算100以内的任何加减法，完全超出了我所带班级的所有其他的学生，所以我认为他在数学上是个天才。能够有机会教这样的学生，是我的荣幸。”本杰明对孩子的评价依旧全都是积极的，即使孩子目前的成绩惨不忍睹，他也能说出这样的话，我听得都有些脸红。作为疼爱孩子的母亲，我都感觉这样评价孩子有些过，因为孩子并不像他说的那么优秀。

学习的事，孩子应该是在进步吧，但这次来，我更关心的是孩子在班级里的交往。时间有限，我直奔主题，现在我知道了，和美国教师打交道的秘诀，有什么问题就直接问老师具体的问题，不要不好意思。而且千万不要让老师谈他对孩子的印象，因为美国教师对孩子的评价都是鼓励性的，他们只会对你的孩子说好话。即使你的孩子很一般，在美国老师的嘴里，也被形容得如同天使一般，至于负面的话他们是什么也不会说的。

交往是不错的，孩子们之间有一种特殊交往的办法，用肢体语言进行交往，有的时候，是我们大人所想象不到的。我一直让几个孩子和他一起玩，同时，尽量地让怀特夫人帮他努力地补习语言。本杰明老师在夸奖儿子，仿佛他是世界上最聪明的孩子。

我和美国老师的思维还有一段距离，需要一个相互适应和磨合的过程。这次我感觉和本节明的沟通很有经验了，对他的话要客观地听。

刚才我到学校的时候，正好赶上孩子们的课间时间，我看见儿子独自在操场上玩，身边并没有什么朋友，大部分的时间是在自娱自乐。我的心里直发酸，真所谓物以类聚、人以群分啊，虽然家长期待着世界大同，但在很多时候也只是理想的状态。美国的孩子还是喜欢与同类去玩，儿子的内向性格和语言障碍，决定了他在班级里的交往面临着不少问题。

我委婉地把孩子奇怪的表现向本杰明老师说了，本杰明点点头，他说他会多加关注。他不敢保证全校的学生都对儿子友好，但在他的班级里，这样的事绝对不会发生。

我又和本杰明谈起了儿子的学习成绩，要是在国内的学校，学生考出这样的成绩，老师会很不高兴。不但把学生训斥一顿，有些负责任的老师也会把家长叫过来一起训斥，不知道本杰明如何看待这个问题。

“没有关系，语言需要一定时期的过渡。”本杰明说道，“因为你的儿子来自于不同的语言文化，到我们学校的时间也不长，目前的教学重点以启发思路为主，使他初步掌握用词写句子、说句子的能力，扩大词汇量，对单词做到能认识就可以。孩子其实已经学会了不少单词，但他对单词的拼写需要提高，虽然目前错误很多，时间长了，自然会好一些。”

至于他拼写的准确性，本杰明说在今后的学习中会不断地去纠正，不能因为孩子的成绩就否认孩子语言上的进步，因为有很多进步，是我们大人所看不出来的，经过时间和交际的积累，到时间自然会有一个质的飞跃。

“孩子现在还小，我们没有必要过分地去关注他的成绩，我们应该看见，目前孩子在各个方面都有不小的进步，而且他认识了不少新的朋友，每天都过得很开心，这些都是比成绩更加重要的。”本杰明推心置腹地和我交谈，看着他一脸的真诚，有些话我就不好意思说出来了。

“非常感谢你的教育理念，孩子有你这么好的老师，真是福气。”我听后很有启发，本杰明老师注重的是学习的思路与创造性，而不是以分数看待孩子的实际水平，这样对孩子就不会有更多的压力。本来孩子面对新环境压力已经不小了，作为家长应该努力去帮助他缓解，而不是再给他施加更多的压力。我感觉本杰明的话，让我豁然开朗。

“我发现你非常重视孩子的教育，也很关心孩子的成长，你是一个非常称职的家长，不知道在你们国家，你从事的是什么样的工作？”本杰明问道。

“在国内，我也从事教育工作，是一名教师。”我如实回答。

“是吗？那可是太好了。”本杰明就像发现了新大陆一样，眼睛里直冒光。

“难怪你这么关心孩子的教育，原来也是一位老师啊。请问你有时间吗？我们这里需要教师，你能不能在方便的时候，到我们班里，给孩子上课，介绍一下你们国家的文化、语言，同时也帮我做一些其他的工作？我感觉你非常有爱心，也很细心，要是你愿意的话，你一定会做得非常成功，我们学校非常需要你这样受过良好教育的家长帮助我们工作。”我想此时本杰明开始转了个什么念头，肯定是因为我有什么利用的价值，于是他就开始给我戴高帽子了。

原来美国人求人办事的时候，也是把好话说尽。

“可以啊，我非常高兴。”这句话正中我的下怀，教学对我来讲轻车熟路。在学校里工作了这么多年，非常熟悉国内的教育体制，现在来到了美国，家里有一个正在上小学的孩子，我正好想全面地了解美国的基础教育。和儿子一起成长，有更多的机会多接触美国的孩子，同时零距离地了解美国小学的教育，直观地认识美国小学的教育，把中美之间的教育体系比较一下，看看美国的基础教育是否适合儿子的成长。如果有可能的话，在中美教育之间寻找适合孩子成长的点。

于是，我毫不犹豫地答应下来，当然心里也惦记着这份工作有没有工资。要是有份工资绝对是锦上添花，一个三口之家，只有一份收入，生活费肯定是不够用的，所以我希望家里的收入再多一份。这样，我才会感到这个交易不吃亏。

“请问你这周有时间吗？咱们来安排一下。”本杰明步步紧追，伸手就把手旁的校历拿出来，开始计划我的工作安排，美国人喜欢直来直去的交往。

“我回家后准备一下，安排一下手头上的事再来可以吗？”看来他们这里急需义务教师，期待我立刻披挂上阵，立刻就做一名美国小学的教师，我感觉很有压力，总得给我一些心理准备的时间吧。

“当然可以，期待着你给我们带来的精彩。”本杰明开心地说道。

“我会努力的。”

“要是每周你都过来两次，每次半天，或者来的次数更多，你介意吗？这是义务工作。”本杰明说道。

“这个……我可以考虑一下。”其实，我倒是挺愿意的，但还是想着留个缓冲，要是一口答应了，再改变主意就被动了，必须留个思考的余地。既然他都说是一份义务工作，看来是没有工资了，心里不免有些遗憾。原来美国人也喜欢找不花钱的劳动力，这点和国内没有什么差别，年轻，有能力，所以走到哪里都会被别人利用。不过想想还有被别人利用的价值，也有些小小的成就感。

再想想孩子在美国小学白吃白拿，心里有些不好意思，现在我的工作没有落实，与其每天在家里焦急不安地等消息，做个井底之蛙，时间长了便会脱离社会，倒不如走出家门，观察一下新的事物，了解美国的小学，和孩子一起成长。

上帝是公平的，付出了肯定就会有回报，某些时候，吃亏是福气。况且在孩子上学的学校做义工，除了帮助老师，自己的孩子也可以间接受益，他可以得到更多的关注，减少心理上的压力，更有安全感。

我知道，儿子在国内的时候就虚荣，喜欢报喜不报忧。要是下班后，孩子兴高采烈地跑过来，一定是考了高分或者是前几名。要是成绩不理想，一般不会说，除非老师让家长签字。有几次，我从他书包里翻出了几个刚刚及格的卷子，问他怎么回事。

“没有什么，妈妈，那是很久以前的事，现在都过去了，过去的事就不要再提，说了也没用。”儿子学着大人的口气说道，然后一吐舌头，脚底下抹油，刺溜一下跑得远远的。

听了这些话，我哭笑不得，想教训他一顿，但又实在下不了手。现在我去学校做义工，可以观察孩子在学校课堂上的表现和他与同学交往的情况。

即使儿子不愿意透露学校的生活，由于我在学校教学，我会知道很多事，可以更好地了解他，帮他尽快地适应学校。最起码，他在学校里不会再受到委屈，很多事我会轻易地化解掉。

另外，我变成了他的老师，教育他的时候，就有了更多的威信，以前，他只听老师的话，对我的话有些抵触情绪，要是他发现我也在他的学校教学，对我的话也会听了。

家长做义工，对学校、对自己的孩子都有益处，是一件双赢的事，对本杰明来讲，分担掉了不少工作，对儿子也受益不小，最高兴的应该是儿子。我的生活也会变得充实，在学校工作我会有更多时间陪伴儿子，详细了解儿子的情况。多接触儿子的朋友，参与孩子的成长，还可以与其他家长交流，有助于更好地教育孩子，更好地了解他们的成长。

工作一段时间后，我发现学校里的义工，是美国学校里的一道风景线。从小学到高中，几乎每个美国学校都活跃着大批义工，义工在美国小学非常普及，美国的家长也很关心孩子在学校的表现，尤其重视孩子在学校里健康快乐地全面发展。

我记得有好几次我接儿子的时候，看出他有很不愉快的表情，但他一句话也没用说，弄得我心里非常没着落。后来我读了一些华裔孩子初到美国，在美国受委屈的故事，知道很多孩子出于自尊心，有时候是害怕家长担心，所以不愿意家长知道自己在学校里所遭遇到的冷落。

新环境的转换，对孩子的心理冲击不会是一件小事，尤其是性格内向的孩子。真正适应新环境，教师的帮助是一方面，但一定的时间也是必需的。

在国内，我在大学做老师，也教过中学。现在来到了美国，有机会在美国的学校做老师，全面彻底地了解美国的教育，了解美国的老师、学生和家长。因为任何一种事物都存在着优点和缺点，号称具有先进理念的美国教育也不会例外，虽然目前儿子在美国上小学的时间不长，我已经发现美国的教育有许多需要改进和加强的地方。

实际上，美国的教育并不像某些人描绘的那么好，也有不少的问题。中国教育也不像以前所想象的那么糟糕，有不少可取之处。我想在学习美国教育优点的时候，也了解其不足之处，把中美教育之间的优缺点做个对比，在中西方文化中找出最适合于儿子的成才之路。

一转眼，我就变成了美国小学的老师，走进美国小学的课堂，应本杰明老师的要求，给学生上一节中文课，介绍一下中国的文化。

万事开头难，虽然有国内多年的教学经验，但我为了给美国小学生上好第一节课，还是精心地做了准备。

我知道中美两个国家的文化背景相差很大，有很多地方需要注意，稍不留神就会触犯美国的法律，遇到麻烦。比如说要是把一个不满12岁的孩子独自放在家里，被邻居告发了，就会进监狱。类似这类的事，必须小心。

所以教学也要适合美国小学生的课堂，首先要知道美国小学的课堂是什么样的？他们是如何上课的？

我想起了本杰明的教学，非常注重师生之间的互动，多引导学生思考，把学生作为课堂教学的主人。孩子的班级，只有18个学生，4个孩子的课桌并排围在一起坐着，并不要求每个孩子端坐不动，孩子们可以随便舒适地坐着，随意回答老师的问题，并不需要举手。

所以，我应该把课堂教学气氛设计得活跃一些，让学生积极主动地发言，努力展示自己。以学生作为课堂教学的主导，让他们多说、多动手，感到上课是一件极为有趣的事情，玩着学，他们就会对学习的内容产生热情，对中国文化有一种亲近的感觉。这样，再与孩子们接触就容易多了。当然我更希望儿子在我的课堂上多展示自己，我会多给他一些发言的机会，让他在同学面前找到更多的自信，做母亲都期待孩子有更多的自信。

虽然我做了很多的准备工作，但第一次站在美国小学的讲台，还是有点紧张。我仔细打量这群小学生，大部分是白人，也有几个黑人学生，还有一个日本人的后代。他们坐在宽敞明亮的教室里，教室里的设备一流，所有多媒体教学设施一应俱全。

儿子也在和大家一起听课，第一次从他的眼睛里看见了对我的敬畏之情，我很开心。因为在他眼睛里，我的身份发生了变化，以前是他的母亲，总是溺爱他，所以他不听我的话。现在我是他的老师，站在他教室里面的讲台上，有着他敬畏的地位，所以说出来的话，对他非常有权威性。

“你们知道哪些关于中国的故事？”我问全班的同学。

“我知道《功夫熊猫》。”“我知道中国人吃饭和我们不一样。”“我知道去那里要坐飞机，走很远的路。”美国学生的课堂气氛确实非常活跃，很容易就被调动起来。

我是新老师，又来自于一个他们还不太熟悉的遥远国度里，孩子们对我非常好奇，他们很认真地听着我的课。

“非常好，你们吃饭用什么工具？”我像本杰明一样鼓励他们，这样有利于拉近和学生们之间的距离，随后也开始问他们问题。

“刀子，叉子。”回答这个问题对他们是件轻而易举的事。

“你们知道我们用什么？”我又抛出来新的问题。

“筷子，勺子。”这次回答不是那么迅速了，中间有不少停顿和迟疑，但最终还是回答出来了。

“啊，真了不起。”按照惯例，我还是鼓励，美式的教育以鼓励为主，这点我很快就洋为中用，一点也不含糊。

“你们知道怎么用吗？”表扬完后，接着新的问题又出现了。

“不知道。”这次问题有些难度，学生们想了半天后，直摇头。

这就对了，终于达到我所期待的效果，要是你们都会用筷子，什么都知道，今天的课就没有上的必要性了。

“今天我教你们怎么用筷子，好不好？”我接着引出了今天所要重点讲解的内容。

“好。”学生们高兴坏了，他们激动地拍手，急切地想拿筷子。

看来是抓住他们的兴奋点了，他们对这个内容非常感兴趣。于是，我给每个孩子发一双筷子和一个四四方方的小积木，教大家如何用筷子把积木夹起来。

学生们看见筷子就像看见了最好玩的玩具，他们好奇地拿起筷子开始尝试，因为他们早已习惯了刀子和叉子，所以在刚开始的时候，没有一个孩子可以夹起积木来，有几个孩子急得满头大汗。

于是我给他们作示范，学生们仔细地看着、用心地练着，有几个孩子还仔细地盯住儿子的姿势，看他怎么做，儿子自豪地夹起各种物品，给同学们看。大家就把他当作老师了，边看边学，不断地向儿子求教，儿子有问必答，一点也不保留，在教同学的过程中，儿子非常开心，平时非常自信的同学，现在虚心地向他求教，使得他很有成就感。

“Successful!”几分钟后，一个学生激动地大叫起来。

“I am also.”又一个孩子叫了起来。我走到每一个孩子身边，用眼神、用手势、用话语去鼓励他们，越来越多的学生成功地夹起了积木。大约一刻钟的时间，所有的学生都学会了用筷子，他们自豪地用筷子夹起积木，高高举起来给我看，每个孩子的脸上都笑开了花。

于是，我们又开始了第二阶段的学习——写汉字，其实他们所谓的写汉字，就是在画汉字，拿出笔来画出汉字的样子。我先教学生们写一些最基本的汉字：人、日、月、山、木、水、火。

我不知道学生们的掌握能力，所以第一次也没有多教，反正将来机会多的是，到时间再慢慢地教。

这群学生非常聪明，仅用了很短的时间，就学会了写这几个汉字，他们在纸上写的汉字还挺漂亮。

“哪个同学到黑板上来写？”我问道。

所有的学生都把手举起来了。班里面一共有18个孩子，我把他们分成三组，让他们分组走到黑板前。每个学生都很自信地写下了这几个汉字，有的写得很快，有的写得慢一点，但是写得非常漂亮、非常认真。

“谁写得最好？”我问道。

“他写得最好。”全班同学指着儿子说道，在全班同学羡慕的目光中，儿子高兴极了。终于给孩子在全班同学的面前树立了一个好的形象，班里的孩子发现他除了数学好以外，还有很多其他方面的优点。

很快，这节课就讲完了，本杰明老师对这节课的评价非常高，他认为我是一个非常优秀的教师，可以很好地组织教学，和学生一起互动。在学生们的眼神里，我感觉他们也很喜欢上这种介绍中国文化的课。

果然，晚上回家后，儿子说：“妈妈，全班同学都喜欢你，你以后经常来给我们上课吧。”

“好的。”这些话说得我心花怒放、开心极了。给儿子的班里上课，这正是我求之不得的事，于是我爽快地答应了儿子。

“妈妈，现在班里没有人敢嘲笑我了。”儿子随口说道。

“你怎么知道大家嘲笑你？很多时候，你并不知道他们的语言，也许你是误解他们了吧？”我尽量劝解孩子。

“妈妈，虽然很多时候，我不知道他们的语言，但是他们对我说话的样子和几个人相互之间的样子，我知道他们很不礼貌，是在嘲笑我，我是可以感觉到的。”儿子认真地说。

“可是，我看见你的同学们都是一些彬彬有礼的孩子，说话非常有礼貌，对你也很热心。”虽然相信儿子句句都是真话，但还不愿意接受这个现实。

“哎，他们有些时候都是在装模作样，你看见的都是一些表面现象，很可能都是假的。”儿子一本正经地解释着。

“那么谁嘲笑你了？”我问道，“你从来没有告诉过我。”

“都过去了，就不要问了。”儿子摆摆手说，这是一个让人不愉快的话题，儿子并不愿意多说。

我知道，问多了，他会不开心，于是就点到为止，我想反正我已经到他的学校做教师，以后就多留心一些就是了。

从那天开始，我每周都去学校两次。有的时候，帮老师分发作业、清洗画画涂料、装订小画书；有的时候给孩子们批改作业；有的时候，给孩子们上课，我主要是讲授中文、讲授中国文化。

美国小学的课堂教学非常灵活，授课的气氛也很轻松自由，学生人数少，维持纪律并不是困难的事，学生表现还是不错的，毕竟他们的年纪小，相对来说比较听话。

孩子比较喜欢我的课，因为我经常给他们讲一些中国的小故事，讲一些有趣的、他们没有经历过的事。有的时候，放映一些动画片，比如说《功夫熊猫》，边放映故事，边给孩子们讲解相关的中国文化，教一些汉字，介绍几个传说，这样就把孩子们的注意力紧紧地抓住了。

除了《功夫熊猫》，我还放映了不少国内的动画片，放映完了以后，我给他们再讲解一遍，孩子们也很喜欢。

反正美国基础教育的教学非常自由宽松，没有过多的任务和压力，这样就给授课老师非常大的自由发挥的空间。不用过多地备课，也不用有什么心理压力，只要你教的内容让孩子们喜欢，抓住孩子们的注意力就算成功，和中国小学一板一眼的教学模式相比，美国小学的教学压力并不大。

虽然是义务教师，但我很有成就感，因为在这个学校里，我是中国问题研究的专家。于是我工作得非常投入，和学生之间的关系也越来越密切。

通过工作，我真正走进了美国小学，走到了美国学生中间，从更深的层次了解了美国的小学教师和学生、家长，慢慢地融入美国的社会。

美国的学校是学生们都喜欢的地方，国家的投入多，公立学校的硬件设施非常好。学生在学校里快乐地成长，个性可以得到很好的发展，老师注重个人的培养，上课的时间少，自由支配的时间多，教学没有考试的压力，所以对所学习内容的要求也不严格。

用客观的眼光去看待美国的教育，发现有很多独到的方面，也发现了体系中的一些不尽如人意之处。首先是美国小学过分重视学生的个性，课堂教学相当随意，想到哪里，学到哪里，没有一个固定的大纲。

比如说，本杰明和我谈完话以后，直接就邀请我来上课，在我教学的这段时间，他经常随意地更改教学的内容和教学的进度，似乎没有什么计划性，随意性很强。

学生们的考试也不是传统意义上的考试，出很多知识点，让学生必须掌握，而是相对随意的形式。美国基础教育整体的教学质量，对知识的掌握程度有待提高。

不可否认，美国绝对是儿童的天堂，正常家庭的孩子非常幸福，学校注重学生身心的全面发展，更加顺乎于人的天性，学校很尊重学生，每个学生都可以得到充分的肯定。

美国小学的功课不多，每天儿子都把学校学习的作业带回家来，数学我从来都不用多看，英语是要给孩子补习的重点。我在学校里做了一段时间的义务教师后，开始全面地了解了美国教育体系，终于明白美国中小学的课程安排了。

第四节　美国教师的包班制和课程安排

儿子这所小学，是美国所有公立小学的缩影，是美国小学中非常有代表性的一所学校。

我对美国小学老师的整体实力非常佩服，儿子的班主任本杰明是本科毕业，现在一边教学，一边在读研究生。班级其他的两个老师也都是正规的本科毕业。本杰明告诉我，美国中小学教师的学历起点是大学本科，而国内小学老师的学历却是参差不齐。

除了他们三个教师以外，班级里还有一个实习老师，也是当地一所大学的研究生。他们要想在美国小学获得全职工作，首先必须要通过教师资格考试，获得教师资格证书后方可走上讲台。

学校在信息网上聘用教师，只将录用教师的情况报上级教育行政部门备案即可。教师工资在工薪阶层里居中。教师在一所学校连续工作八年后，校方可聘其为该校的终身教师，这样教师就可以获得一份非常稳定的工作。但是你如果调离学校，在该校的终身教师资格将随即失去。

正是有了这样的政策，所以美国小学教师的队伍相对稳定，大家都能够热爱本校，安心学校的教学工作。美国是小班制教学，学生在校时间短，教师能力比较全面，实行教师包班制，即一个教师包一个班的教学责任，小学老师在任教之前都是要通过各门课的水平考试的。

我感到吃惊的就是美国的教师包班制，本杰明老师一个人教班级里的数学课、语言课和计算机课，这样有助于不同学科学习的整体化。体育和美术老师是另外一个教师。本杰明经常是上完语言课，接着就给学生们讲数学，然后再教别的功课，完全和孩子们都打成一片了。他对班里所有的学生都非常了解，和学生们建立了良好的师生关系。

我认为这样倒也不错，反正小学各科的功课都很简单，包班也不坏，老师可以非常了解每个学生各科的学习情况和各方面的发展。

本杰明的办公室不像中国老师那样，很多老师共用一个大办公室。他的办公室就在教室里，便于接触和管理学生。

我看见学生的作业随交随批，疑问随提随答。本杰明与学生朝夕相处，学生们从他身上随时学到了更多的知识，能力得到了培养，老师就是这个教室的一个组成部分。这点体现出了美国教育重视学生的参与交流和自主性发挥的特点，体现出了学生的主体地位，同时也体现了平等的师生关系。美国教师与学生之间比较平等，老师好像有些怕家长给他们找麻烦。

有一次，孩子提前下课回家，我不在家，本杰明也没有及时通知我。孩子在屋外面等了很长的时间，事后我打电话问他原因，他二话不说，立刻向我道歉，请求我的原谅。看着他这么好的态度，我也不忍心再多说了。

虽然每个学区的教育部门会设定各科的统一教材，但老师并不一定只使用这些教材，他们可以根据自己的教学需要加入相关的材料。小学阶段，老师在教语言、数学、社会研究、自然科学的时候，他可以在寻找教学材料时，做到将所教的内容进行交叉和融会。

本杰明告诉我，到了初中阶段，虽然不同的科目不同的老师教，他们之间仍然需要协调教学的内容，以保证学生在某一个阶段尽可能在同一个主题下学习。

在本杰明老师的讲解和帮助下，我终于搞明白了美国基础教育体系的框架。

美国的学前教育是自费的，学费非常昂贵，但小学的公立教育全部是国家埋单。国家对小学到高中的教育投入巨大，所有的教科书全部免费，学校教育很宽松。

美国小学通常共有六个年级，除了常规的一年级到五年级，还设有学前班（kindergarten）。学前班也是免费上的，但并不是所有的孩子都有机会上学前班。要上学前班的孩子必须是本学区的孩子，学校把所有申请学前教育孩子的名字放到一起，进行抽签选择，以显示公平。那些被选择上学前班的孩子，自然都是一些幸运儿。

在这六个年级当中，设置的课程几乎都是一样的。但课程的深度和广度，会随着年级的增加而逐渐有所拓宽。

在政治上，美国是一个松散的联邦共和国；在教育上，美国的小学也不像中国那样有个全国统一的教学大纲。从理论上来说，不同学区可以各自为政，但美国不同地区小学的基础教育学科却大同小异。

总体来说，美国小学共设有八大课程，它们分别是语言、数学、科学、社会研究、健康卫生、艺术、音乐、体育。

对照着国内的课程就是英文、算术、体育、音乐、绘画等课程。美国小学生在艺术课上学画画，在语言艺术课上学英文（相当于中国的语文课），在音乐课上学音乐常识和乐器。有的小学里还有外语，一般是西班牙语或者是法语，我的孩子的学校开设的外语课是法语，儿子学会了简单的法语。

美国的小学课程极富弹性，既没有界限明确的学科，也没有固定不变的教学课时。语文在美国小学课程中所占的比例最大。美国的小学语文又细分为阅读、文法、写作和会话等。其中阅读为重点，儿子每周都拿回家几页印刷精美的材料，上面是老师给学生布置的阅读作业，内容上至天文地理，下至人文社科，非常广泛。

美国小学里的音乐教育很有自己的体系，无论是高才生还是低等生，到了小学三年级，所有的小学生都要选学一门乐器，然后去参加学校的乐队。每逢节日或者学年结束时，乐队成员都要上台做汇报演出。

数学是小学阶段除语文以外美国学生学习时间最长的科目。从目前美国学校的实际情况看，美国小学数学普遍缺乏严格训练和要求，在课程编排上均尽量放低要求，整个小学对抽象的代数或较难的数学概念涉足较少，主要还是围绕加减乘除四则运算做文章。后来，我接触了大量的美国人，他们来自于社会的各个阶层，一个共同的特点就是数学差。也难怪，就像儿子这种在国内学习平平的孩子，到了美国不用看都是全班第一。由此可见，他们的整体水平到底怎么样了，后来我参加美国的研究生考试，发现研究生入学考试的数学也就相当于中国学生的高中水平。

中国人比较重视数学教育，数学的能力远远高于美国的小学，在小学所学习数学知识的深度和广度远远超过了美国小学。美国小学里的数学教学大纲是这样的：在美国小学的识数教育，一年级的孩子数到100，二年级的孩子数到1000，三年级的孩子数到10000，四年级的孩子数到100000。关于加减乘除等运算，美国小学一年级时学加减法，三年级时学小数和乘除法，五年级时学平均数等概念。不知道是不是美国小学数学很浅，后来我感觉到很多美国人的数学能力都很一般，买东西的时候，他们的脑子经常短路。

美国小学的健康卫生课做得比较好，小学配备了受过良好教育的专业教师，除了教授卫生保健等内容外，心理和预防教育也占有一定的分量。比如，如何解决和他人的冲突、如何远离毒品、如何面对压力并有效地管理时间、如何识别危险品、如何识别和拒绝青少年的性侵犯、青少年的发育和健康饮食等，都是健康卫生课的主要教学内容。儿子来到美国小学后，专门有一个老师密切关注他，从社交到学习，给他不少帮助，一直到他们认为他已经可以在班里和孩子进行正常的交往为止。美国学校的这个方面，做得远远比我们好，我们国内的教育需要向美国多学习一下。

自然科学课一般包括科学知识和原理、环境教育、科学技术、物理常识等。社会课涉及面极广，一般包括历史、地理、政治、经济、资源保护常识等。美国小学的社会课常常以生活化的方式传授给学生社会生活常识，如安排参观、由学生收集与相关课题有关的物品或资料、小组讨论以及录音、录像等现代电化教学设备等，让学生通过自己的亲身体验而不是死记硬背的方式接受相关的课程内容。儿子的学校组织了不少课外的参观活动，去博物馆、去公园、去滑雪，通过这些活动开阔了孩子的眼界。

但是很多人认为美国社会课的教育方法不具有学术性，因此要求改革小学社会课，将社会课变为系统的历史、地理或其他传统的社会学科知识的教育的呼声越来越高。

虽然近些年美国小学的课程内容得到扩充和加强，但总体来说，整个小学阶段语文仍是学校教师和学生心目中的核心。其他科目常常因种种缘故未能引起足够的重视，有时内容减少，有时甚至取消。

除了小学阶段以外，我也了解了美国其他阶段课程的设置。初中课程的设置是这样的，首先，化学和物理在初中不开设，高中才开始学习这两门课。

小学一直到初中，可以选学外语，一般是西班牙语或者是法语，当然外语并不是这个阶段学生一定要学的必修课。如果孩子不想修外语课，可以选修其他课程，美国学校主要是开设西班牙语，这是在美国最普遍的外语，从小学到大学少不了这门功课的影子。

当然开设了并不见得美国人重视这门课，很多美国大学教授告诉我，美国人的英语已经是全世界通用的语言了，所以没有必要浪费更多的时间去学习别的语言，有这些时间去做别的事会更好，比如说做一些可以提高创造力的事。

初中的主课是数学、英文、科学、社会学研究四大重点课，初中的辅助课程和高中相比也大同小异。

高中阶段就有了自由选课的权利，美国高中生需要完成下列课程：英语、数学、科学、社会学研究、体育、健康卫生课、美术、技术教育。因为要申请称心的大学，所以美国高中阶段的学习比较紧张。

美国中小学的课程设置有其独特之处，美国学校重视音乐、体育等素质教育，尤其对体育的教育非常重视。学生对各种体育项目运动非常喜欢，参与性很强。学校也注意孩子们的想象力培养，比如绘画课，老师并不一定要求孩子们用现成的图画照猫画虎，而是充分调动孩子们的创造积极性。这一点我并不欣赏。作为一个教育工作者，我认为知识的接受和创造性的培养上应该有同样重要的位置。

从小学到高中，美国学校的主科都是英语、数学、科学、社会学研究，只是程度不一而已。关于英语和数学，读者可以一目了然；科学包括生物、化学和物理；社会学研究主要包括美国和世界历史。

美国高中里的课堂发言有时候会计入成绩册。美国老师鼓励学生大胆发言，不管学生的答案是对是错，只要学生举手提问或者回答老师的问题，都能得分。这样有利于培养孩子独立思考的创造力，让孩子敢于口头表达自己的观点。

儿子班里有一个叫吟（Inn）的男孩子，年纪比班里的孩子大一岁，非常喜欢表现自己，总是带着一种自信的表情，本杰明老师提出问题的时候，他都会举手回答。所以，本杰明非常喜欢他，吟也经常被表扬，然后下一次的举手也更加积极，这样就形成了一种良性的循环。

作为一个中国教师，我对此非常理解，自己上课的时候，也喜欢积极主动举起手来的学生，这说明他们上课听讲认真，和老师的互动非常良好。当然作为老师来讲，学生们在回答问题的时候，也缩短了课堂老师讲课的时间。在某种意义上，老师也可以休息一下，另外，学生们的举手捧场，会让老师感觉到自己讲课不是孤军奋战、无人喝彩。所以说学生主动举手老师自然是欢迎的，这点无论在中国还是美国都是一样。

美国的教育属于家长操纵学校，老师对家长陪着小心。同时，学生在学校里占据着主导地位，因为学生的地位比较高，和中国的学校教师占据主导地位完全不一样，这样有利于教师把更多的时间和精力用于教学之上。

儿子对美国小学适应得非常快，但是中间也经历了很多曲折，有几次回家后，情绪很不好，我很着急。但孩子并没有多说，我感到在和同学之间的交往上，需要相当的过渡时期，尤其在语言上，儿子好像停滞不前了，他很难和朋友进行有效的沟通，很多时候变得非常沉默。

“你和他们玩得开心吗？”我经常问他，作为教师，我见过很多新转学的孩子一时难以融入集体，孤独地坐冷板凳，想着儿子也是其中的一员，知道那种滋味不好受。

“有的时候也开心，但更多的时候，还是听不懂他们的话，我自己玩也不错。”

夏老师告诉我，不要着急，当初他的孩子到美国的时候，也是一年多一句英语也不说，但一年后的某个时期，突然之间，一张嘴就说了一口流利的英语。现在他不说英语并不代表他没有接受，而是正处于语言积累的阶段，这是个量变到质变的过程，需要相当长一段时间的积累。这段时间由于个体的不同，有很大的差别，但越小的孩子，接触外界最多的孩子，语言的进步相对来说，是非常快的，在语言的接受能力上，小孩子远远比成人快。

孩子初到美国无论是语言还是心理上都需要一段适应期，也许有许多孩子适应得快一些，但大多数孩子还是需要过程。无论如何，在孩子这个年龄段来到美国，语言的学习远远比大人要快很多，由于孩子原来的语言是一张白纸，美国教师的直接指导，使孩子直接就可以说一口流利的英语，这点是孩子到美国小学学习后的最大收获。

第五节　生动有趣的课间游戏

下课的时候，一群小学生跑出了教室，吟突然之间有个新的想法，他拿起一块石头，对所有的孩子们说：“你看这块石头是不是有些特别？”

孩子们都围过来看这块石头，我看见儿子又可怜兮兮地站在一边，自己在玩。于是我就走过去，和这群孩子打成一片，准备找个合适的机会把儿子也给叫过来。

“是很奇特，我来看看，它是怎么回事？”我做出非常吃惊的样子，从吟的手里接过这块石头。

“老师，你说人们会不会不小心把它当作宝石给收藏了起来呢？”吟问我。

“这个嘛，嘿嘿……”答案是否定的，没有哪个傻子会这么干，但是我又不好打消他的好奇心。孩子对石头产生好奇心，喜欢研究石头，从石头中发现一些前人所没有关注到的现象，是好事。在美国学校里，这都是应该鼓励的行为，我想要是本杰明遇见这样的问题，一定会很好地鼓励孩子。

“我想，有一些人会对这样的石头产生想法的。”我做出了肯定的答复。

“真的？要不我们把石头都埋在这里，只是露出上部，肯定会有很多人以为这些都是宝石，真是有趣。”吟说道。

“宝石，宝石。石头是从哪里来的？会不会有人把这些石头当作宝贝？”很多孩子都喊起来，儿子也加入了进来。

于是，孩子们都开始研究起石头来，平时最不起眼的石头，在他们那里变成了了不起的东西，儿子也加入进来，和孩子们一起到处寻找石头了。最后，孩子们把寻找到的石头都堆在一起，就好比发现了一个全世界最大的金山银矿。

吟是一个不错的孩子，上课发言积极，听课也算认真，性格开朗。

但他有一个不太好的习惯，有些时候，本杰明老师给他布置的作业，包括一些手工作业，他经常都没有完成。

我发现了他这个习惯，就督促他，本意是希望他改变这个习惯。

他也算听话的孩子，慢慢地，不写作业的时候少了，但并没有彻底改变。

有些时候，他会找出各种不同的理由搪塞我，有些理由让人想起来都不可思议，但他却非常认真地回答我，就像真的一样。

在这样的情况下，我也只好劝说自己，努力去相信他的话。本杰明老师对学生的要求并不是那么苛刻，我又何必给学生施加什么压力？

第六节　美国孩子的理想

儿子最近感觉很不错，因为在学校里没有什么竞争，没有和他同类的孩子做对比，再加上老师总是对他赞不绝口，所以给他造成了一种印象，来到美国后，突然之间变成了一个聪明绝顶的孩子。就连一直相对客观的我，在老师的赞不绝口之间，也感觉到他好像突然之间，成了一个天才般的人物。

美国的鼓励式教育，使得美国学生的自我感觉非常良好，老师很少会当面批评学生，对家长更是陪着小心。我接触的这些美国小学生，都以为自己是独特的凤凰或者是小龙，一个个的自我感觉超级好，无论是什么样的孩子，都很乐观。美国的孩子很少被批评，只能夸奖，不住嘴地夸奖，哪怕是世界上最大的傻瓜加白痴，来到这里自我感觉也会变得超级好起来，因为只要是个人，都会有优点。美国老师是拿着放大镜找学生们的优点，中国老师则是拿着放大镜找学生们的缺点。在培养孩子自信的方法上，美国教师做得更好，虽然孩子们在学校里的知识掌握情况一般，但个个都自信。

美国的小学，墙壁上到处都是孩子们的作品，温馨的提示语，满满地，花里胡哨，虽然谈不上美观，但是充满了童趣，感觉很温馨。他们没有豪言壮语，一切教育都在潜移默化中，很多时候，墙壁上贴着的是美国小学生的作文。

本杰明老师忙的时候，我也帮助本杰明老师检查学生的作业，本杰明老师给学生们布置的作文题目非常有趣，《假如我是……》，这个作文相当于咱们中国小学生的作文《我的理想是什么》。

在国内，孩子们经常写这类文章，他们的理想一般多是科学家、宇航员、老师、医生这些工作。这些工作几乎都是一些技术性质的工作，和中国孩子们的理想相关，中国人在美国混得不错的一些精英，大多数也从事这类的技术工作。

美国孩子们的理想是什么？我非常感兴趣。怀着好奇的心情打开了孩子们的作文，我仔细地看了起来。所有孩子的作文都不长，只有几句话，半页纸，但是内容却很不一般。

大部分的孩子写的是《假如我是美国总统》，口气都不小。

我一口气看了好几篇作文，内容如下：

要是我当了美国总统以后，我就会生产更多的产品，让美国变得更加强大，为世界做出更多的贡献。

这个孩子有点野心，但愿他不要当上总统后，给世界带来更多的战争。也许他的家长说过，美国是世界上无可争议的最强大的国家，它不仅不该满足于过自己的好日子，还应为这个世界承担更多的责任。当然中东地区的动荡、南非黑人的悲惨生活等一堆不光彩的事，美国早就躲得远远的了。

要是我当了美国总统，就会关心孩子们的成长，具体的做法是命令老师给孩子们更多玩的时间。

这个孩子很关心教育，感觉美国孩子们玩的似乎还不够，还需要更多，也许他当了总统以后，美国的学校就真正变成游戏场所了。本来美国的小学教育已经非常宽松了，他还期待着更加宽松，当然了，敢于大胆地提出自己的见解，还是应该鼓励的。

要是我当了美国总统，我就会努力创造财富，把财富分给更多的穷人。

这个孩子真有爱心，是个深受基督教精神影响长大的孩子，知道把爱心分给其他的人。他的家长一定是每周都带他教堂做礼拜吧，我虽然不相信宗教，但到了美国后，由于宗教气氛的影响，我感觉宗教宣传的教义，对人向善还是有很大的作用的，在这样的气氛下培养出有爱心的孩子在所难免。

要是我当了美国总统，我会在世界上开设更多的冰激凌公司，让所有的孩子随时随地都有冰激凌吃。

在文章的后面是他为实现这个理想所做的一些计划。当然他的计划就是改革美国的饮食结构，使得孩子从早上一睁眼，到晚上睡觉为止，随时随地都有冰激凌吃。

这个孩子为天下所有的小朋友呼吁，期待所有的孩子都可以分享到美国孩子最喜欢的食物。真有些中国古代士大夫的那种先天下之忧而忧、后天下之乐而乐的胸怀，不过孩子们要是这样做，肚子想不出事都难。

看了这些孩子的作文后，我非常有感触，美国儿童的视野很宽阔，孩子们敢想敢干，美国的教育顺应儿童的天性去成长，不去压制孩子们成长的天性。小学教育里没有更多的条条框框限制着孩子，孩子可以自由地把自己的想法表达出来。无论是什么样的想法，都不会受到批评和嘲笑，他们的个性得到了最自由的发展。其实世界上很多事并不是有多难，闭着眼睛努力去做，很多时候，有些事情还真的可以做成。

这里老师批改学生们的作业，一般都是找出作业里的优点，只要写得工整，有内容，无论是什么样的内容，老师都会抱着赞赏的口气夸奖你，绝对不会嘲笑你的观点，哪怕你的观点多么荒诞不经。美国学生的创造力在这样的环境下，可以得到最充分的发展。

儿子在美国上了一段时间的小学，经过美国学校的熏陶和锤炼，我发现他冒出了很多新奇古怪的想法，而且有了很多梦想和野心："妈妈，长大了，我要去哈佛大学读书，当然去麻省理工学院读书也不错，然后，我就当科学家。"

儿子的这些话，说得我心花怒放，虽然知道以他的实力，要做成这事可不容易，但总不能打击他，还是要鼓励他。

“你真了不起，我们放假后，妈妈就领着你去波士顿，参观一下那些你将来长大以后去上学的地方，然后，我们全家一起开车走遍美国。”

“真的吗？”孩子把眼睛瞪得很大。

“那是当然，我们还要走遍全世界。除了当科学家以外，你还要做什么？”

“妈妈，我要当美国总统，你知道，老师教育我们当美国总统是一件非常光荣的事。”我很吃惊，怎么他也有这样的想法？但我知道，不管孩子的想法是多么可笑幼稚，我们大人都要耐心倾听，并给予鼓励和指导，不能不耐烦地批评他的梦想。

不过，仔细想想也可以理解，从孩子们一走进学校的大门，校长在开学致词里就会对所有学生说：“你们是我们社会未来的领袖，你们就是明天的国家总统。”美国学生在这样的教育氛围中成长，肯定会有当领袖的想法。

我发现，美国的教育要把一张白纸的孩子，涂画成美国的色彩。美国人非常爱国，无论在政府机构、住房，还是车库，美国人到处都竖起国旗。在美利坚这块土地上，只要有人就会有他们的国旗，很多时候，他们还把国旗贴在脸上。

除此之外，他们有一种奇怪的想法，认为全世界的中心就是美国，我的美国朋友们就经常自豪地问我，美国好吧，你喜欢这里吗？你一定不想回国了吧？然后自信地看着我，毫无疑问地等待着我肯定地回答。

听了这些话，我的心里并不舒服，美国怎么样不就是这么回事吗？没有什么大不了的。最好的还是中国，哪里也比不上自己的国家好。

在学校，老师经常给孩子们进行爱国教育。前几天，美国总统奥巴马的就职仪式，全校的学生停课播放了他就职演讲的实况，同时对学校的每一个孩子，都进行了热爱美利坚的教育，让他们知道了祖先创业是多么艰苦。周末他们的作业是一张画册，介绍美国的历史。

听了这些爱国主义的事迹后，他们班的学生对美国的历史、美国人的责任开始热衷了。

不知道为什么，我心里有些不安："孩子，我们的国家是中国，我们是中国人，我们身上流的是中国的血液。"

"可是，我喜欢美国啊。"坏了，这小子被美国的糖衣炮弹给打中了，白吃了人家这么多美食，又接受了美国免费的义务教育，玩的是美国的游戏，说的是美国话，交往的是美国朋友，这样下去，成了亲美派，变成了香蕉人怎么办？不行，不能让这种事发生，孩子可以笨，可以不成材，可以不上名校，但是不能不爱国。我感觉到孩子在接受美国教育的同时，必须有自己国家的民族自豪感。

从那以后，我就每天给孩子讲中国的故事，让他知道，我们是中国人，不能数典忘祖，成为一个崇洋媚外的家伙。这类家伙在美国还真不少，来到美国没多少时间，变得比美国人还美国人。生怕别人说自己是中国人，以自己的英语发音纯正自豪，好像说汉语会降低他的身价。有些人自认为是美国人，但美国人认为他们还是中国人。他们为不能生着一张白人脸而恨父母，嫌弃父母穷酸、不入流，不是纯正的美国人。

有些人每天三句话，就是美国有多好，美国的民主有多好，美国的教育有多好，美国的月亮一定是比中国的圆，好像他们来到了美国就进入了人间天堂，虽然人在美国过着二等公民的生活，却在自己的同胞面前装出高人一等的样子。这种没有民族自尊心的家伙，应该得到人们的鄙视，我一定不能让自己的孩子这样。

我可以让他接受美国的教育，学习美国的优点，但是一定要告诉他，首先应该爱的是自己的国家。

"将来你要是真的当上了美国的总统，那么首先要为中国做事，因为我们是中国人，中国是我们的祖国，无论它是什么样的，无论我们走到哪里，它永远都是我们的家。"说完这些话，我自己也非常吃惊，在国内非常看不惯很多人和事，对现实很不满。但是，到了美国以后，我发现我变成了一个爱国者。因为国家强大了，个人在异国他乡的地位才会高。

儿子似懂非懂地听着我的话，这也没有关系，我会慢慢地培养他对国家的爱，不让他变成一个香蕉人。

当然这需要付出很大的精力，美国的爱国教育形式多样，除了重大场合严肃的教育外，在平时的教学、谈话和游戏之中，处处都渗透着爱国主义的教育。

除此之外，我对他的一切都是宽容的，我在美国参与了教学活动，开始给美国小学生上课了。对于孩子所有的梦想，我感觉必须给他足够的鼓励，不管孩子的想法是否合理，我都非常开心地听着，享受这难得的母子相处的愉快时光，并深深体会到了和孩子聊天的乐趣。

但是孩子做美国总统的梦想对我有很深的触动，一个出身低贱连自己的父亲都没有见过的黑人，都可以梦想成真，那么一个出身于教授家庭，有不错教育经历的孩子不是更可以去做梦吗？华裔有机会成为美国总统，是一件值得庆幸的事。

美国就是一个可以做白日梦的地方，受孩子童心和野心的影响，于是我也写出了一篇文章《第一个华裔美国总统》，分析了一下华人在美国的历史和未来，预想在不久的将来，在美国一定会出现一个华裔总统。没有想到这篇文章发表后，一石激起千层浪，在美国知识界华人中得到了广泛的传播和转载，在美国常青藤盟校的华裔网站上也被疯推，受到了美国华裔知识精英的重视，甚至传播到了国内，引起广泛的关注。因为说出了华裔们的心声，这一切都起源于我和孩子的一次不经意的谈话，小小孩子的一个梦想，谁敢说以后就无法实现？

作为母亲，我觉得自己又回到了童年，在教导孩子的过程中，我也不知不觉地净化了自己。在亲子互动的交流过程中，我们总会不知不觉地把自己的世界观和教育理念灌输给孩子。孩子在成长中，也给父母带来了快乐和欣慰，同时也教给父母新的不同的看世界、看问题的视角。

第七节 中国孩子接受美国教育的结果

除了理想之外，我也发现接受到美式教育的孩子，开始偷偷摸摸地做起了奇怪的事。

本来老实有加的儿子开始变得别出心裁了，我发现孩子总是做出一些让我吃惊的事情。

最为奇怪的事是孩子总是坚定地认为在某一天里，他一定会孵出一只小鸡来。这个信念是这样强烈支持着他，以致他坚定不移地实施自己的计划。无论遇到什么阻力，也不放弃。于是，家里面的鸡蛋们可真的惨了，你在不经意之间，在某些奇怪的地方就会发现一个被人小心翼翼藏好的鸡蛋。比如说，在被子里面、在窗户台上、在面包服里面。

不知道这个小家伙从哪里得到的知识，鸡蛋只有在温暖的地方才会孵出小鸡来。我想这一定是本杰明老师又给他上过了类似的科学课吧，因为他非常喜欢他的老师，只要是老师说的事，他一定是言听计从，一定是老师讲过类似的故事，触动他的那根神经，也许这就是美国教育给孩子创造力的萌芽。

最近，儿子总是把鸡蛋放在温暖的地方。有的时候，你会发现一个鸡蛋放在阳台的茶杯里懒洋洋地晒太阳；还有的时候，你会发现被子里面有些硬硬的东西想要陪你一起休息。不用问，“案犯”就是他了，不会有别人的。这家伙一见“案发”，扭头就跑，藏到被子里面把头盖上，任你怎么喊叫就是不肯出来。

我很心疼我买来的鸡蛋，于是，不止一次地告诉他，鸡蛋孵小鸡的条件和原理，儿子听了以后，似懂非懂地点点头好像明白了。可是过不了多久，你会发现鸡蛋在儿子的巧妙安排下，该怎么忙活还是怎么忙活，一点也不会在冰箱里面老实地躺着，还是满屋子乱跑，只不过这小家伙做得更加巧妙、更加隐蔽而已。

我感到该跟这个整天想着孵小鸡的孩子再次谈谈话了，要是每天放学回家第一件事情就是把鸡蛋放到一个他认为可以孵出小鸡来的地方，我还真是头疼。但是如果禁止的话，对孩子的创造性可能不太好，有一个世界文明的大发明家在小的时候，不也是直接就坐到鸡蛋上去孵小鸡吗？想到这里我又有些得意，没准将来的时候这小家伙会有点什么作为，所以谈话还得保护他探索的积极性不会被打击掉。于是我问孩子：“你忙活了这么长时间到底孵出了几只小鸡啊？”

他气愤地说：“哼，还不因为你的事情吗，要不是你捣乱，我早就孵出小鸡了。”

哟，现在他认为我成了破坏他行动的坏蛋了，看来美国那种不相信权威的观念，真是深入了他的内心世界。这是件好事，不过，我想还是把真相告诉他比较好。

我告诉他孵小鸡的正确温度是38℃—39℃，温度过高或过低都会影响胚胎的发育。如高于正常温度，小鸡就会出壳早，不易成活；如低于正常温度，小鸡就会孵不出来。

“对了，妈妈，我有办法了，我们可以把鸡蛋放到炉子上面蒸啊。”

“哈哈，那鸡蛋不就熟了吗？”

哎，孩子好伤心，但是，孩子毕竟是孩子，他很快就想出好办法了，接着就又高兴起来了。

“妈妈，妈妈，我们可以像养鸡场那样，买来一个孵小鸡的机器，那么我们家里面就会有很多很多只小鸡了。”说着他就被自己这个宏伟的想法给激动得跳了起来。反正，目前他的眼睛里面就只有小鸡。

“家里面有那么多小鸡，那么我们住到哪里？”

“会有办法的。”这就是他的回答，当然，至于是什么办法，就不在他的考虑范围之内了。

对于孩子的这个阶段，由于当时我没有关注他，也没有去鼓励他，所以至今为止心里还是有所愧疚。

后来孩子看了爱迪生的故事，他告诉我，为什么你不是一个像爱迪生的妈妈那样的妈妈，为什么爱迪生的妈妈就可以理解他，而你却不理解我。这句话把我问得哑口无言，我们都期待自己的孩子有着超人的智慧，但当孩子真正地表现出这些超人智慧的时候，我们大人却认为孩子不按照常规出牌，害怕麻烦而把孩子的创造性给压制了。

第八节　美国老师培养孩子的金钱观

“妈妈，我要帮助你做家务，请你给我一美金吧。”

“为什么我要给你钱呢？”我不解地问道，因为孩子一般是不管我要钱的。

“老师要我们捐款去帮助非洲那些需要帮助的人，所以让我们回家来做家务。”儿子说。

原来是这样，这时候，我想起了，这也是美国教育的一种方法，让孩子知道金钱是需要劳动去获得，而不是轻易得到的。而且夏老师也告诉过我，美国小学鼓励孩子在假期里每天帮助家长做适当时间的家务，培养孩子的劳动习惯。

于是，我让孩子把家里的卫生彻底地打扫一下。由于家里住的地面铺的是地毯，所以要他打扫卫生必须要学会使用吸尘器，于是，他第一次开始学习使用吸尘器。

说句实话，让他打扫卫生，还不如我们自己动手，他不会使用吸尘器，我也有些担心他把吸尘器给搞坏了，所以我非常犹豫，是否让他打扫卫生。在我的心里，还真想把钱直接给他。我生怕他把吸尘器弄坏，那样我还要花钱再买一个新的。

但这样做显然是不利于孩子教育的，他肯定会对我的行为感到吃惊，而且会养成不劳而获的习惯，这样就和他老师的初衷背道而驰。

于是，我只好把吸尘器给他，并且教他如何使用吸尘器，最后费了九牛二虎之力，终于让孩子知道如何使用了。

他看见吸尘器后就像看见一个非常好玩的玩具，于是兴高采烈地拿起吸尘器，与其说他在打扫卫生，不如说他喜欢玩吸尘器。他边玩边干，最后满头大汗，把家里打扫了一遍。看见家里这么整洁，他很有成就感，开心地从我这里拿到了一美金，小心地放进了自己的书包里面，他的心里也许在感慨，原来金钱是来之不易的啊。

我感觉到老师这种教育方式确实有其独特的一面，美国是个金钱社会，和我们国家的思维不一样，老师从小就教育孩子知道金钱是要靠劳动换来的，孩子会努力地工作去挣钱。

这样对金钱的教育方式确实不错，一方面使得孩子对金钱有概念，另外一个方面知道挣钱的辛苦。

美国学校很重视培养孩子自己动手、不依赖父母的习惯，学校里培养学生们重视但并不崇拜金钱的品质，事实上是要孩子学会一种将来不仅仅会花钱还要能够挣钱的道理。

鼓励孩子自己动手，靠自己的劳动挣钱，是十分光荣和自豪的事情。美国家庭普遍重视培养孩子的独立能力，学生锻炼独立能力的机会也非常多，自己动手几乎成了与生俱来的习惯。不分担家务劳动的孩子很少见，孩子们从小不是擦汽车就是剪草坪，年级稍高的小学生就可能当小报童挨家挨户送报纸。钱虽然挣得不多，却从小就学到了面对社会独立处理问题。中学阶段到了可以工作年纪的孩子，一到暑假就去加油站、快餐店、超级市场工作，一个暑假下来往往能挣两三千美元。在美国，即使是富有家庭的孩子，也同样出去工作，他们在街头和学校里推销巧克力、卖报纸，挣了钱捐献给学校。

在美国，孩子一般不向家长伸手要钱，而是靠自己的劳动挣钱。我周围很多非常富有的华人，他们鼓励到了16岁的孩子，在业余时间到社会上打工挣钱，孩子在劳动中体会到了工作的艰辛，知道了如何消费到手的金钱。

所以，即使孩子需要向学校捐款，老师也不鼓励他们向父母要钱，而是让孩子们靠自己的劳动换来金钱，然后捐献给学校，这样孩子才感觉到劳动的价值。

想想国内的家长，对孩子疼爱有加，生怕孩子做一点什么事就耽误了学习，这样做的后果是孩子的动手能力越来越差、自理能力越来越差，我在国内很多朋友的孩子年纪都不小了，可是却连最普通的家务都没有干过，过着衣来伸手、饭来张口的小公主、小少爷的生活。大家都在嘴上喊着要改变孩子高分低能的情况，可是真正到了自己孩子的身上，就忽视了从小事上去培养了。在培养孩子自理、动手能力上，我们的教育是应该向美国的教育多学习了。

接受了美式教育，孩子的思维有了不小的转变，他开始不再完全相信我们的话了，有了反对权威的苗头。一个胆小怕事的孩子，现在变得敢于表达自己内心的思想了。儿子知道用自己的眼睛、用自己的方式去观察我们所生活的世界，在这个方面，美国宽松的、鼓励式的、具有启发式的教育有其积极的一面。

第九节　印度、韩国家长对美国基础教育的看重

美国小学非常国际化，在这里除了当地的白人和黑人学生之外，还有不少来自其他国家的学生，印度人、日本人、韩国人、华人都占了相当的比例。

在孩子的学校当老师，我开阔了眼界，同时也有幸认识了不少老师和家长。除了本土的美国人以外，在儿子学校里工作，我也认识了不少来自其他国家的家长，他们有时也在学校里做老师，这其中给我印象最深的有两个人：一个是来自印度的百万富婆佩蒂，另一个是来自韩国的教师英姬。

不知道为什么，在美国见到非本土的人时，有一种天然的亲切感，大家都来自五湖四海，能在一起是缘分。尤其是那个印度的百万富婆佩蒂，我们更是一见如故，谈得特别投机，有着说不完的话。

我对在美国的印度人非常感兴趣，因为他们在美国的人数非常多，在很多职场上都和中国人存在竞争。

我们知道，中国人和印度人虽然分别属于两个不同种族，但从聪明才智、吃苦耐劳以及人力资源等方面来看，两国人堪称势均力敌，中国人一点儿也不比印度人差。在美国的很多IT行业和大科技公司里，中国人和印度人一直都是非常强劲的竞争对手。然而，中国人在竞争中常常处于劣势下风，中国人在北美竞争不过印度人。2007年，扣除物价涨幅因素，全美华人家庭全年中的收入高于全美的水平，但在亚裔中仅处于中游，落后于旅美印度人和菲律宾人，高于日本人、韩国人和越南人。

分析其原因，我们可以看出印度人的英语比我们中国人强。印度人比我们有更强烈占据管理高层的抱负和野心。有些印度人很善于同上级搞关系，他们的社交活动非常活跃。而语言不过关、不会搞社交、没有做领头人的兴趣，是我们天生的缺点。

但两个国家有一点是相似的，都非常重视孩子的教育，印度重视子女教育的程度，和中国家长相比，真是有过之而无不及。

这个叫佩蒂的印度富婆非常重视教育，她的老公在印度的时候，就拿到了医学博士，来到美国后又获得了美国的医学博士，最后成功地考取了美国的医师执照，步入富翁阶层。

佩蒂本人在来到美国后也拿到了美国的学位，由于家里孩子比较多，所以她主要的时间和精力都用在了孩子身上，现在孩子长大了，她就开始出去找些临时性的工作。有时候她在学校里做兼职老师教学，有时候她就在家里开的诊所帮忙，日子很舒心。

她们家刚来美国的时候一无所有，二十多年过去了，现在已经有了两个诊所，一座四层楼，四辆名车，还有四个孩子。其中有一个孩子已经拿到美国的医学学位，找到了医院的工作，另外一个也在医学院读书。大家都知道，在美国读医学，需要付出高额的学费。

佩蒂的其余两个孩子也在读书，有一个在读高中，还有一个在这所学校读小学，所以佩蒂也经常到这个学校教学。佩蒂靠着自己的奋斗白手起家，又让自己的孩子在美国接受了最好的教育，这对于一个来自亚洲的人来讲，可以算是奋斗成功的典范了。

就像中国人喜欢住在中国社区一样，佩蒂的家也在印度的社区里，和印度人比邻而居，他们依旧保持着自己原来的生活作息和饮食习惯。

佩蒂属于贤妻良母型的家长，她经常跟我抱怨美国医学院的学费昂贵，但为了孩子有个好的前途，她还是不惜代价，花大把的钱，让孩子读医学院，期待孩子将来继承家业。让她感觉开心的是，两个孩子在学校里学习非常刻苦努力，让她看到了未来的希望。

由于四个孩子都在美国读的书，所以佩蒂是个教育专家，对美国的基础教育和高等教育都了如指掌。

佩蒂对美国小学宽松的教育心存不满，真不知道美国的学校为什么对学习如此不重视?

她常常愤愤不平地和我谈论这个问题，大家都知道，基础教育不仅是认字，而更重要的意义在于人生朦胧天性的培养，给孩子养成一个好的学习习惯，让孩子学习到更多的知识。孩子的基础教育是关系到他一生成长的大事，印度的中小学生在校学习的时间比美国学生至少要多30%。美国小学上课的时间这么少，而且很多时候还是体育课，把孩子送到这样的学校，他们并不会学到更多的知识。

可是美国的很多家长都不重视孩子的教育问题，认为孩子快乐才是最重要的，孩子现在不学习倒是快乐了，但将来就会没有合适的好工作，一辈子都不快乐。要是按照美国人的方法去教育孩子，孩子长大了，肯定没有好日子过，我感觉美国的教育存在不少需要改进的问题。

是的，这点我同意，来自印度的计算机工程师和医生在美国的人数庞大，说明他们从小就接受到良好的教育，很多印度人宁愿自己节省，也要为孩子读书花费大笔的钱。

一谈起印度对孩子教育的重视，佩蒂就滔滔不绝。

“我们和周围的印度家长们非常注重孩子的学习，孩子在美国的学校学不到多少知识，在家里我拿出大量的时间去教孩子学习，还请老师到家里教孩子。”

“我的几个孩子从小到大，在学校里的学习成绩都非常优秀。我教孩子们学到的知识，远远超出了学校教他们所掌握的，所以孩子们可以选择好的大学。”

“孩子美国本土的同学，很多并不在乎是否可以考上好的学校，很多都去了一些不是很好的大学。他们对自己的考试成绩很容易得到满足，不像我的孩子，必须考A才会高兴，那些美国孩子考个B也感觉自己学习得很不错了。”

佩蒂的这些话，英姬也非常同意，她在韩国的时候，也在学校当老师。现在来到美国，没有合适的工作，赋闲在家，所以也经常在孩子的学校做义务的教师。

因为在韩国学校的工作经历，所以英姬也深感美国的基础教育有很多问题，尤其是在孩子基础学科的学习上，应该还有许多改进和加强之处。在知识的掌握上，学校应该增加适当的难度，延长学生在学校的学习时间，把学生的学习时间延长一些，让学生们把基础知识掌握得更加牢靠。

看来，对美国基础教育心存不满的人，并不仅仅是咱们中国家长，很多重视教育的亚洲国家对美国教育也有很多不满。

第三章　我在美国教大学

第一节　我在美国大学当老师

我在孩子的小学工作了一段时间，熟悉了美国小学的教育体系。正准备甩开膀子大干一场的时候，突然接到了一个邮件，是西西利亚给我发送来的邮件。说学校最近需要一个中文老师，她对我的教学情况非常满意，把我的简历发送给了院长，院长叫我过去面试。获得这次面试的机会，我想和我在国内高校良好的工作经历有很大的关系。美国人是务实的，对以前的工作经历非常看重，他们需要的是来到就可以胜任工作的人，而不是一个生手，这样他们就可以节省很多的培训费。

在国内，我就对在美国大学工作抱有美好的想法，可是到了美国，我把简历投递过去后，如同泥牛入海，一去不返，迟迟没有任何消息。我以为他们又请到了高人，把我给淡忘了，于是就不再想这件事。

有时，我也和周围的华人朋友们谈论找工作的事，夏老师告诉我一些找工作的网站。在美国找工作，需要时间和机遇，说快非常快，说慢则遥遥无期，能不能找到工作谁都不敢保证，发送几千份简历，绝对不是夸张。

周围那些在美国已经待了很久的华人，他们找工作都花费了巨大的时间和精力，几乎没有谁能够顺利地获得工作。所以我对一到美国就能获得好工作，也不抱有多大的想法，我在孩子学校做义务工作者，每天的生活都是忙碌充实的，和孩子一起成长心情很愉快。美中不足的就是家里光靠老公一个人，经济比较紧张，在潜意识里，也期待遇见不错的工作，可是哪里能那么容易就找到？

但机遇却是一个奇怪的东西，有些时候，你越期待的事越不来找你，让你无所适从，但是当你把这些事彻底忘记，不再惦记的时候，它们自己却来找你了，就是那句话，踏破铁鞋无觅处，得来全不费工夫。没有想到的是，机会开始向我招手了，我非常心动。

但我已经熟悉了在美国小学教书的日子，和孩子们在一起，虽然辛苦，却有利于帮助儿子克服适应新环境所带来的痛苦。适应新的生活环境不是容易的事，如果有母亲陪伴着孩子，和孩子一起面对，可以为他分担不少风雨。

但目前的这个机会非常难得，最好可以抓住它。一个母亲，应该有自己的生活，不能把自己的一切都放在孩子的身上，要是没有自己的世界，人生将会少了许多的精彩。在国内的大学工作了很长时间，我非常想了解美国这个完全不同于我们的高等教育体系到底是什么样子。

现在是信息时代，所有的资料都可以在网络上查到，但看别人的经验，和自己亲身的实践，感觉完全不同。在美国的大学工作，无论在语言、思维，还是人际交往上，对我都是全新的考验，我可以接触到美国教育体系的精华，接触到美国的主流社会，认识一些美国教师是如何教育自己孩子的，对自己教育孩子也是一个启发。还有一点很重要，有了这份工作，对家里的经济状况是一个极大的改善。美国是金钱社会，金钱不是万能的，但没有钱绝对是万万不能的。

于是，我就开始准备我在美国的第一次面试，这次面试为我打开了一个全新的窗口，开启了我在美国大学教书的职业生涯。

面试的时候，小教室里面坐着五六个终身教授，我知道他们当年都是在美国顶尖高校获得博士学位的语言学教授。他们先是随便地问我，从哪里来的，然后又问我学历，我说是研究生毕业。西西利亚，是一个戴着眼镜、看起来很威严的教授，她对我说："那么我们开始面试了。"我开玩笑说："是不是如果我没有硕士学位，就不可以在这里应聘啊？"

“当然。”她毫不犹豫地说，“如果你没有硕士毕业证，我们根本不会让你坐到我们的对面，因为我们很忙很忙，不会为一个不相干的人去浪费我们宝贵的时间。”

原来是这样。看来美国人说话非常直率真实，而且又那么冷冰冰的，让人觉得有些接受不了。不过这样也好，有一说一，感觉你适合或者不适合某个工作，就直接告诉你，不绕弯。和美国人打交道很容易，他们很直率。不像某些中国人，明明对你某个地方不满，但当着你的面却说你干得非常出色，在你的背后却说你的坏话，你被人出卖了还替人数钱。他们明里一套，暗里一套，工于心计，笑里藏刀，把聪明都用在人际关系上了。书店里畅销的都是些攻心术、藏心术，职场里的人心险恶难测，真不知道同胞为什么不对自己人好一些?

这时候，旁边几个教授微微冲我点点头，似笑非笑的。我想他们会不会笑里藏刀，正在想着怎么用刁钻的专业难题，把我给难倒?

我正在胡思乱想，教授们却毫不含糊，开始了对我的严加盘查，这是我第一次在美国真枪真刀的面试。

我稀里糊涂就上阵了，非常后悔没有再准备长一些时间。感觉像做梦，心里没有底，就像走到了雷区，不知道什么时候，就会遇见麻烦。

教授们先查我在国内的教学经历，又查我对对外汉语教学的理解，然后，又问我对于教学中语言和文化的关系的理解，还把我在国内是如何使用多媒体在大学进行教学的仔仔细细地了解一遍。

开始有些紧张，但慢慢就好了。第一次在美国面试，就找到称心如意的工作，我还没有奢望自己会有如此好的运气。因为这里的工作并不好找，很多朋友都有过相当长时间找工作的过程，有的好几年，甚至更多年都没有合适的机会。而我才刚到美国，就有大学派出这么多一流的教授给我面试，我觉得很幸运了。

给人生增加点阅历吧，我告诉自己，不要想得太多，能走多远就走多远。勇敢地去面对人生的每一次机会，大胆地在社会上闯，争取每一次机会，给孩子做个好的榜样。

怎么说也算是一个来自中国的实力派，真金是不怕火炼的，一切

“美国鬼子”都是纸老虎，看起来很强大，但是那些都是表面现象。我使劲想着自己的优点和长处，一直在给自己打气。因为好几次，我都吓得想一走了之，那些大学教授摆的架子也太大了，我对自己好像没有信心。不过，我表面上还是装得很镇静。

其中有一个问题，教授们问我：“在国内你教过的班级，最多有多少学生？”

“一般都是三四十个学生，最多的时候，一个班曾经有六十多个学生。”我如实地说。

“我的上帝啊，这么多人，我们这里一个班只有二十多个人，一般也是三十多个人。”几个教授脸上露出非常吃惊的表情，他们把眼睛瞪得像铜铃一样大，意思是六十多个学生，如何进行教学？

是的，美国大学的师生比，远远比中国低多了，美国大学生比中国的学生享受到更多更好的教育资源，对这点我不否认。在后来，我在美国大学的教书生涯中，我更加意识到这个问题，美国大学的师生比率比我们合理。

有些私立大学的师生比达到了10:1，这在中国的高等教育几乎是无法想象到的。真希望有一天，我们高校的学生也可以享受到这样好的教育资源，美国的高等教育好，与每个学生都可以享受到的教师资源也有关系。

我用流利的英语，经过自己的思考和加工，面带微笑、镇定自如地一一回答这些教授所提出的问题。认真地想一想，那些问题不是很难，都是在日常教学中经常可以遇见的问题。如果英语口语水平足够好的话，回答这些专业的问题不是很难。我们这一代来美国的人，英语的口语水平普遍地都比较自信，可以很快地就进入状态。所以语言并不是我们找工作最大的障碍，我感觉自己最大的障碍就是自信心的问题。大家的实力都不差，谁对自己有信心，谁就可以笑到最后。

时间在流逝，我的面试依旧在进行中，我高兴地发现，那些教授们十分认可我的回答，他们脸上的表情变得柔和，最后，有的教授脸上露出了一丝丝微笑。我努力地去捕捉他们的这些表情，这对我是一个巨大的鼓舞，心里的自信心越来越大。后来的气氛越来越轻松，他们不再那么严肃地对我，而是变得友好起来，最后有几个教授还和我开起了玩笑。他们之间也在交换着赞许我的眼神，看来对我的感觉不错。

一个多小时过去了，这场多对一的面试终于结束了。这简直是对我的一番轮流轰炸，这么多毕业于世界名校的教授，给我一个人进行单独的考试，真是对我太过于重视了吧。似乎有点不符合于人道主义的精神，题目难易程度还可以，就是那种架势弄得有点吓人。好在我是什么都不怕的，具有死猪不怕开水烫的精神，这么多年的工作经历，还怕你们反复地问来问去吗？反正就是书上那些基本的原理说来说去而已，即使说错了，我也可以自圆其说。

休息15分钟后，开始了下一轮的传统节目——试讲。给美国人讲中文，这是我的强项，我在国内的工作经历使得我对此镇定自如，我还害怕给他们讲课？毕竟用我的母语来上课，对我没有什么挑战力。我是一个中国人，美国教授的学术水平再高，外语水平再强，中文肯定是比不上我，我的中文绝对是根正苗红，这点我绝对自信，想想那些所谓的中国通们说的中国话，我就很有底气。

于是，我就放下包袱，轻装上阵，面带微笑地走进了教室。在讲课时，我与学生们进行了充分的互动，积极调动学生进行参与，整个教学过程中的气氛极为热烈。那些在一边旁听的教授们此时也和学生们一起加入了进来。她们也积极举手，认真地和学生们一起思考问题，抢着回答我提出的每一个问题。

我发现其实他们就像一群求知欲望很强烈的学生，也是很可爱的。一转眼，就到下课的时间了，我刚说完“谢谢大家”，所有的教授和学生都从椅子上站了起来，教室立即就响起了热烈的掌声。那个场面就好比一个最伟大的歌唱家，刚刚成功地举办完一场个人演唱会一样。

所有的人对我的课给予了充分的肯定，那些教授们走过来和我握手并且拥抱。我发现他们看着我的时候，脸上已经笑开了花，有的教授还对我竖起了大拇指，意思是说“你真棒”，讲课讲得真是完美无缺。那是对我教学能力最大的认可，我用自己的自信和实力征服了这些高傲的美国教授。虽然，我还没有接到最后的通知，但是，从课堂的气氛和大家的表情中，我感到，胜利已经在向我招手了。

果然在当天晚上，我就接到了系主任给我发来的邮件。系主任对我的教学能力进行了认可，并且给予了很高的评价，欢迎我到这里来教学，给了我让我满意的工资。我终于在美国得到了对外汉语教师这个职位，成为了一名美国的大学教师。这个职位是一年一签的合同，只要在教学上别出什么意外，一般就可以接着干下去。所以，在美国找工作，无论如何，实力最重要，有了实力，根本不用去请客送礼，也不用去和什么人搞好关系，最理想的状态就是，上课的时候，学生非常喜欢你，下了课，背起书包就走人，见到上司客气地点点头就行。

我所在的这个大学开设了七种语言，西班牙语、法语、德语，这三种语言在美国是很热门的语言，在大学学习这三门语言的学生特别多。尤其是西班牙语，在中学就开设这门课，而且选修的学生特别多。此外还有意大利语、日语，学习这两门课的学生也不少。拉丁语和汉语，是我所在的这所大学最新开设的语言，由于是新开设的语言，所以，学习的学生人数目前还不是很多。

拿到了那个合同，我确实是很高兴，不但有工作了，而且还是美国大学的大学教师。时间自由，收入还可以，有很多业余的时间。但由于汉语课是刚刚开设的一门课，我的收入受到课时的影响，课时又受到选课学生多少的影响。由于选课的学生并不是很多，所以，我的收入也不是很高。但是有工作总比没有工作好，能够有机会在美国大学工作，我还是很高兴的。于是，就开始了我在美国大学的教书生涯，这一段时间很愉快，和学生们相处极为融洽，也受到了大家的尊敬，虽然收入不高，但应付基本的生活没有任何问题，可以去买一些自己喜欢的东西。我计划着利用业余的时间再去找一个工作，这样我就又可以过上类似于国内的那种舒服的生活，随时到饭店里吃饭，彻底和土豆、面包片们说拜拜了。

我最喜欢给这里的学生上课了，我教学特别投入，备课十分充分。所以，我的课上课堂气氛特别好，美国学生们对老师非常尊重，听起课来非常仔细而又认真地做笔记。下了课总是围绕在我的身边，和我有说不完的话。

他们喜欢听一些来自于古老东方传统的故事，还喜欢看一些具有民族性的东西。有的时候，我教他们写毛笔字，他们就特别激动。

我的学生中也有不少这个大学的教授，印象最深的是一个这里的大学教师，叫麦克，他毕业于英国剑桥大学，专业是电子工程。在美国，他是这个行业的专家，在这所大学是博导。美国有几家权威的杂志，他是审稿人，在这个行业里是一个大师级别的人，申请他的博士非常难，因为竞争非常激烈，当然如果申请成功的话，就可以得到丰厚的奖学金。我认识一个他的学生，来自北京的一所最著名的大学，刚刚读他第二年的博士，就用他给的奖学金买了一辆新的美国名车，把自己一来就买的那辆还很新的二手车卖掉了。而且，他平时靠着奖学金，自己的生活就过得很好。

不过，由于他的学问实在是太深了，所以，他就把自己搞成了一个秃顶。这和国人说的那句话相差不多，智慧的头上不长毛，他的那个智慧的头上，确实没有长上几根毛，光光的，亮亮的，显示了主人绝顶的智慧。

我在讲课的时候，让学生们做练习。有一次，我讲的是关于自我介绍，练习的题目是：我是什么国家的人，我的国家是什么国家。他一听就会，每次都是第一个举起手来发言，有些人是天生聪明，学习语言很有天赋。我好几次问他是不是以前学习过汉语，他一直摇头，从来没有学过，不过他的悟性很高，有着极强的天赋，对他的天赋，我很叹服。

他说："我是英国人，我来自英国。"

"可是，你告诉我你是在美国出生的啊。"我奇怪地问道。

"但是，我喜欢英国，我的爸爸妈妈都是那里的人，所以，我永远都是英国人，我爱英国。"

后来，我问我的好朋友，关于他国籍的问题。我的朋友告诉我，其实很多来自英国的移民，即使是美国的国籍，他们也固执地认为自己是一个英国人，这是挺有意思的习惯。

我的学生还有一个大约五十多岁的女士，她给我的印象也很深刻。她是一个英语老师，名叫路易斯，教授国际学生学习英语。她最近由于与中国一所大学有密切的学术关系，暑假里，她将要到中国出差，计划在中国待上两个星期。她想着在去中国之前，多少学会说上几句中国话，了解一下中国的一些基本常识，所以，她也就来旁听我的中文课。

她是一个极为注重仪表的女士，穿戴极为讲究。我在美国感觉美国人整体上穿衣服不是那么正规，都比较随便。但是路易斯却是一个极为讲究的女子，她脖子上戴一个昂贵的珍珠项链，那串项链上每一颗珠子都是那么大、那么圆，晶莹剔透，闪闪发光。有的时候，还戴上一顶精致的帽子，帽子上是一圈白色的茶花，那些白色的花与她淡绿色的眼睛配合得十分协调。再穿上一件做工极为考究的套裙，她就是一个很优雅的贵妇人了。

我喜欢路易斯，因为每次见到她，她都是穿戴这么美丽。有的时候，学校有什么社交活动，比如说有一些聚餐会之类的会议，她总是作为一个核心人物，一般都穿着一身低胸的晚礼服，露出雪白的、修长的脖颈。很多人都喜欢和她谈话，她总是可以左右逢源地和每一个来宾沟通。对于美丽的女人来说，无论年龄多大，她都是有魅力的。

我的学生还有一个大约四十多岁的女士，她给我留下了深刻的印象。她叫玛丽，是这个学校的研究生，最初的时候是一个女军人，住在德国，回到美国后，在一所小学里教书。有两个女儿，当女儿都在十多岁的时候，又生了一个儿子，儿子比两个女儿都小十多岁，所以他们夫妻两个人都非常宠爱小儿子。

最让我开心的是，她的孩子和我的孩子在一个班级上学，就是那个叫吟的学生，这个发现使得我很开心。

吟是一个健康阳光的男孩子，由于儿子的英语不好，很难和美国本土的孩子一起开心地玩，所以我一直期待给他找个美国本土的小伙伴一起玩。

对于一个语言教师来讲，我知道，要想学习一门外语，首先必须和你所学习语言的那个国家的人交朋友，最好的办法是找一个知心的朋友，无话不说，这样无形之中你的语言就会提高了。最明显的例子就是我那些和老外结婚的朋友们，语言很快就进入了状态。

我记得我国内的一个老外同事，说的汉语几乎可以乱真，原因就是他的夫人是中国人，他本人也在中国待了三四年。

对于儿童来讲，这一点更加重要，首先孩子要找到一个知心的朋友，孩子之间的相互交往，可以先通过肢体的语言进行，慢慢地在一起玩耍之中，发展了良好的友谊，这个时候，他们可以不断沟通，孩子的语言就可以在不经意间突飞猛进了。

于是，我就经常邀请玛丽全家到我们家做客，因为在这所大学里，中国人几乎都是单枪匹马地独打天下，平时来往非常少，家里有同龄孩子的华人几乎没有。所以和本土有同龄孩子的美国人交往，是一个非常好的选择。

我在家里给他们做中国食物，他们吃得津津有味，当然他们做什么好食物的时候，也经常邀请我们去他们家里做客，两家来往非常密切。

孩子有了这个性格阳光开朗的小伙伴，不再感觉孤独了，而且最妙的是，他的语言发音非常标准，可以说一口地道的美国东部的方言。

美国是年轻人的战场，不加入到美国的职业场所挣钱谋生，难以理解这句话的真正含义。刚开始，我在美国工作的压力非常大，因为我对环境很陌生，需要去适应陌生的环境，同时新的工作对我的挑战也很大。虽然说我的语言不错，但英语毕竟不是母语，我对教案的准备花费的时间非常多，有时候甚至超过了上课的时间。

在这么紧张的情况之下，虽然我尽量抽出时间去关注孩子，但由于精力有限，精神总是处于焦虑的状态之中，回到家里就很累了，只想休息。相当一段时间顾不上去管孩子，他处于无人监管的状态，学习又开始放羊了。

第二节 美国孩子暑假里都在忙什么

要了解美国的教育，对他们的假期了解也是一个重要的组成部分。美国的暑假对学生们来说是非常重要的时间。

美国学生的暑假是什么样的？在美国人的眼里，暑假也是教育的一部分，是学生在学校教育之外的重要成长经历。

对美国学生而言，放了暑假并不等于就可以闲着——暑假意味着接触社会，关爱他人，服务社会的好机会和充实自己，丰富业余生活，体验不寻常的精彩时间。对大学生来说，这是打工或者旅游的好季节，或者留守在学校里上暑假课堂，在暑假课堂里所选修的学分，可以转入总学分里，这样毕业的时间就缩短了很多。对中小学生来说，则有各种丰富多彩的夏令营等活动在等着他们，这些夏令营有免费的，是各种志愿者办的，还有一些出于盈利目的的夏令营，价格不菲。

组织家庭聚会，拜访亲朋好友，外出参观旅游，参加夏令营、童子军、俱乐部或暑期学校，进行社会义工服务，实习打工，等等，对学生而言，都是很好的学习和发展机会，可以学到比校园里和书本上更多的东西。

不少美国学生在暑假期间，甚至会比正常上课的时候还要忙。因为上课的时候，孩子们在学校固定的时间内上完课后，便回到有家人陪伴的家里或者是到图书馆去看书。放了暑假却要到处跑，参加各种各样的暑假活动。不管是用哪种方式度过暑假，他们都特别注重在这些活动的过程中培养自己的自立精神和各种生活能力。

大部分大学生会安排相当一部分的暑假时间来打工。他们利用暑假接触社会，学习掌握谋生技能，挣钱攒学费、买车或旅游——这些都是美国家长一再鼓励的，也是学生们愿意选择的。我所教的学生出去打工的不少，他们从事各种行业，努力开心地工作，忙得不亦乐乎。

总之，可供选择的美国孩子暑期课外活动很多。如何为小朋友安排好暑期活动，与孩子们的兴趣和家长的期望是息息相关的。一般美国人的孩子，不会把暑假当成是国内所说的第三学期，家长和孩子也不会有来自学校的压力。在美国，暑假里的小学生主要以休息、娱乐为主。但美国高中生的暑假肯定不会这么轻松，美国大学生的暑假也不容易。

由于中美之间的观念存在着很大的不同，美国学生把暑期里出去工作，看作是自己接触社会的一个方面，很多中国学生来到美国后经常说的话是："美国学生怎么这么穷啊，他们怎么过这么寒酸的生活，花点小钱，还需要自己出去工作，是不是他们家里的经济非常紧张？"他们并不知道，其实很多美国富有阶层的子弟，家里的经济条件很优越，但是他们受美国自立精神的影响，出来把自己的零花钱挣出来，了解社会，也历练自己，形成吃苦耐劳的品格。有的富裕的中产阶级家长，让孩子在高中毕业的夏天当修路工，在烈日下劳动锻炼几个月后，孩子就会知道劳动的艰辛了。

当然，去参加暑假学校的学生也有不少，美国许多大学的暑假学期对外开放，学校有时还会提供校园住宿。如果学生想早点完成学位或者补上错过的课程和提高某门课的分数，都可以在暑假期间修课。如果你修学分的话，你所学习的每门课程都会有一定数量的学分。你可以选择在学期结束时获得一份正式的成绩单，成绩单上会写明你修读了什么课程，取得了多少学分，你每门课的分数是什么。

在美国教大学，同时也做美国小学生的家长，最大的感触就是美国假期的时间又多又长。我看了儿子学校发的校历，他们除了寒假和暑假外，还有十多天的春假，除此之外还经常有一些其他的假期，比如说林肯、华盛顿诞生日，哥伦布日，退伍军人节等，学校也各放一天假。其他如新年（元旦），马丁路德金生日，总统日，好星期五，国伤日，国庆独立日，劳工节，感恩节，圣诞节和每星期六、日的假期，小学生们更是照休不误。

美国小学生们的暑假时间真给力，大约有将近两个月的时间，寒假也有两到三周的时间。我们计算了一下，美国的中小学生每年大约有将近190天左右的假期。

一年才365天，除去假期，每位中小学生在学校的时间还不到一半，也就是说一年中只有170多天的时间在学校里。初到美国的时候，我看到孩子学校的校历，感觉美国的学校总是变着法子找理由给学生和老师们放假。美国学生的假期比中国孩子多很多。

美国的小学生和中国的小学生们比，日子真不错。中国小学生的家长可以把孩子放在学校里，中午的时间交待给小饭桌，孩子在学校的时间多，家长就可以放心把孩子交送给学校，忙自己的工作了。我一般把孩子往学校里一扔，就可以安心地出去工作教学，直到晚上的时间才接回家。

可是美国学生的在校时间这么短，势必要牵扯家长大量的时间和精力。当然学校放学后也可以上各种辅导班辅导你的孩子，但是要交上一笔数目不小的钱，并不是所有美国家庭都愿意拿出这笔钱，也不是所有家庭都能负担得起这笔钱的。

在美国工作，由于孩子在学校里的时间太短，所以，我总是不能全力以赴地出去工作，现在我是知道了，为什么很多非常优秀的、在国内接受过良好教育、有着良好工作经验的女性，到了美国不小心就变成了全职妈妈。除了一时没有拿到美国的工作许可之外，还有一个重要的理由就是美国学校的假期太多。现在我有一个孩子都感觉到分身乏术，那些有好几个孩子的母亲，哪里还有时间出去上班啊?

孩子在美国接受教育，母亲所做的牺牲也不小，牺牲了个人的事业，有些时候甚至牺牲的是个人所有的理想和人生见识。作为一个母亲，要是能够在把孩子培养成才的基础上，再有份属于个人的事业，这样的人生才会有意义。

我所工作的大学假期丝毫不比儿子的小学少，美国所有的假期，我们这里是一个都不少。美国雇主非常有法律意识，国家的公假他们完全遵守。

只不过我比较忙，备课花费了我大量的课余时间，除了给美国的本科生上课，还要给这所大学的一些教职工上课。

在暑假的时候，我的学校安排了SUMMER SCHOOL（暑假学校），我也给学生们上课，美国的学生在暑假里的功课安排非常密集，有不少学生参加。

美国的暑期课堂有很多，我所教的这门课是带学分的课，因为修到的学分跟正常学期的课程是一样的，所以课程难度和课时也是一样的。

由于暑期课堂中，人数相对较少，主要是小班授课，同时暑期课程学习时间很短，对学生和老师来讲，在短短的暑假，把一个学期的内容都学习完，学习的强度和压力非常大，每天都有课。我看学校给我安排的课是一天四节，而且课后还要给学生留作业。

老师在最短的时间备课任务也很重，所以说美国的暑期课堂，传说中的夏季课程比平时的课程简单轻松，真是大错特错。

有付出就有收获，暑假课堂的工作压力大，给老师的工资也相当高，这样高额的工资令我感觉很开心。我一边给学生准备功课，一边上课，每天都有至少四节课，有的时候，甚至还多。因为给美国本土的学生上课，这是我的第一轮，所以需要准备的工作需要花费大量的时间，可以说我的工作超级繁忙，属于自己的时间很少。

我的假期工作多，在家里照看孩子的时间很少。孩子的爸爸也有工作，孩子爸爸的项目组里，在假期里也有很多科研工作，他也很忙，所以在假期里如何安排孩子是一个必须要解决好的大问题。如何让孩子度过一个快乐的暑假，我们都在忙的时候，孩子去哪里？这是一件让我们头疼的事，我们该怎么办啊？

在美国的华人界，有一副广泛流传的对联：美国是好山好水好寂寞，中国是好脏好乱好热闹。

美国不像中国，谁都有一大家子亲戚，我们是外来户，根都在国内，在美国没有什么亲戚。虽然认识几个朋友，但大家也是关上门各自过自己的小日子。虽然到处都是当地人组织的各种集会，但我们初来乍到，和朋友之间的交往，只是浮在表面之上，还没有多少亲密的朋友。

即使是长期住在美国的华人，也经常感慨难以突破那道看不见的玻璃墙，似乎被排挤在热闹的外面。就好比感觉大家都在热闹，而自己却不知道该干什么。这点北漂南漂的朋友一定有感触，一个有相同文化氛围的国度尚且如此，在美国完全不同文化氛围的国度感觉更加强烈。我担心孩子在假期里会感到孤独和寂寞。虽然有他的小朋友吟做伴，但吟有很多朋友，和儿子一起玩的时间不是很多。

大人出门在外，让孩子一个人在家，是万万不能的。美国法律规定不允许12岁以下的孩子独自在家，要是被邻居发现，会吃官司的。

我上课肯定不能带孩子去，很少有同事把孩子带到课堂上，况且我只是一个新人。孩子爸爸在实验室里，总是带着他去也不太合适。如何解决孩子的暑假安排，是个大问题。

在我一筹莫展的时候，还是夏老师出来帮助了我们。他告诉我，假期里各种各样的活动非常多，家家户户的孩子基本都闲不着。美国的各类组织，为孩子准备了很多可以去的地方，而且很多的项目都是当地的志愿者免费义务给孩子付出的。比如说孩子的学校里也有一段时间的SUMMER SCHOOL，组织孩子们学习各种知识、学习各种手工，这种活动是免费的。而且社区里相当于咱们中国一个居委会的什么组织，也有专门给孩子们准备的夏令营，对本社区的孩子是全部免费的，但对其他社区的孩子就会收不菲的学费。

这点让人感到很可贵，要是在国内，一到了寒暑假，就变成了辅导班大捞金钱的时候了，几乎没有几个老师愿意去做什么义务工作。暑假里很多老师劲向一处使，一心向钱看，辛辛苦苦地大捞外快，没有钱不开口。暑假老师去辅导班里的工资都是按照小时来算的，真可谓时间就是金钱。看来雷锋叔叔现在真没有市场了，大家都希望过好日子，知道钱的重要性，在人们都忙着挣钱的时候，又有谁会去学习雷锋做好事？

以前人们的生活水平不高，金钱的观念也没有现在这么强。

可是在美国就是另外的一种情况，在美国到处都是义务工作者。义务工作者是一群令人佩服的人，我认识老公大学里的几位美国退休教授，他们拿着非常高的退休金，衣食不愁，生活非常优越，完全可以满世界兜风享清福。

但这群退休教授的境界真高，放着清福不享受，偏义务出去工作。有的帮助消防队工作；有的义务开办英语辅导班，帮助新移民学习英语；有几个教授办了一份报纸，免费给每家义务送报纸。还有的就到社区里工作，几个人一起办个免费的夏令营，帮助有工作的父母照看孩子。因为美国的父母们需要去工作，孩子放假在家里，没有人去照顾。这些义务工作者们的出现，为家长们解决了后顾之忧。

还没有到假期里，我就看见了各种各样的免费夏令营招生广告，这些招生广告写得非常吸引人，把夏令营的生活安排得丰富多彩、合理而又紧凑。

我在几个夏令营都给孩子报了名，其中有教会的夏令营，有学校里组织的辅导班，还有一个社区的夏令营。这些夏令营的时间不长，但孩子过得非常开心。

首先去的是我们这里一个教会办的夏令营，教会办夏令营的主要目的是宣教。我和老公一起过去考察那个夏令营，大约有10天左右的时间。老师中有几个还是学校里的退休教师，他们出于宣讲教义的目的来办这个班，当然客观上也帮助家长解决了后顾之忧。

这个夏令营的主要负责人叫蜜雪儿，她是一位大约50岁的金发女人，据说曾经在孩子的学校里工作过。蜜雪儿热情地欢迎我们，登记完孩子的资料后，领着我们去参观孩子们上学的地点。教室在教堂的后面，我们穿过教堂走进去。这里面宽敞明亮，室内五彩缤纷，小桌子、小椅子摆放整齐，有些像学校里的教室，几位退休的教师在整理着各种各样的书籍和手工制作品。

这么好的条件，老师这么精心地准备，不用说，孩子来到了一定会开心。我开始的担心已经没有了，真盼着假期赶快来临，把孩子送过来，让他快乐开心地玩。这里的小朋友们都是附近地区的居民，他可以在这里结交很多新朋友，不但语言可以快速提高，而且能增加一些关于美国的知识，虽然我对宗教并不感兴趣，但宗教是美国文化的一个组成部分。

美国人口中有相当一部分都是教徒，在美国，要想了解美国的文化、美国人的生活，对美国人的宗教信仰也要了解。很多中国人来到美国，想要认识朋友、开始新生活，就是从教堂认识朋友开始打开了新生活的局面。

据蜜雪儿说，这个夏令营的课程非常多。老师不但给孩子们讲《圣经》故事，还教孩子们唱《圣经》歌曲，教学形式是寓教于乐，在游戏中潜移默化地熏陶孩子。

除了讲故事和唱歌，他们那里还有远足、游泳活动，老师们还计划带着孩子们到附近公园的湖里去划船，这些项目多么让人感到刺激啊。尤其让人感动的是，这些志愿者老师还为孩子们精心准备各种精美小点心和各种时鲜水果。

看完了教室，我们从教堂里出来。当我们走出教堂的时候，我出于客套，随口说了一句，我对宗教非常感兴趣，但是不理解其中的意思，将来我一定要好好研究。

“是吗？希望你加入进来。”美国人好像天生不知道客套，虽然我只是随口那么一说，但蜜雪儿就当真了，她立刻拿出一本《圣经》送给我，并且告诉我要是有什么关于《圣经》上的问题，可以立即找她，她愿意随时无偿地提供服务。

蜜雪儿还邀请我们每周都到教堂来礼拜，但那段时间里，我确实很忙，可又不好意思去拒绝她。蜜雪儿的热情搞得我左右为难，只好顾左右而言他。

要是加入他们的组织将来会是个麻烦事，尤其是对我这个新来者。因为他们经常利用周末的时间一起到某个地方念经，研究《圣经》里的内容，或者一起用大量时间去做某些事情。而那段时间我还在为未来的前途忧虑，所以并没有更多的时间放在我并不相信的宗教上。

不过，孩子在这里却玩得非常开心，放假后，我只是每天早上为孩子准备一饭盒的饭，就把他送到教堂里。每天他去的时候，都有一群美国小朋友迎接着他，他开开心心地去上课，回来给我们讲每天一首他刚学会的教会歌曲，老师给他们弹钢琴，他们一起唱刚刚学会的歌曲。

这些歌曲的旋律非常高亢，给人一种积极向上的感觉，难怪美国人都这么信教，在这样的大环境之下，孩子们从小就学习了宗教的教义。被文化潜移默化的海洋浸透着，时间长了，将来想不信教都难。夏老师来到美国之前，是一个彻底的无神论者，但在美国生活了将近20年，最后终于变成了一个虔诚的基督教徒，而且经常尝试着邀请我去信教。

有的时候，儿子满载而归，骄傲得就像将军一样，手里拿着他在学校里制作的花花绿绿的小手工或者是一些学校老师让他们回来看的书。

有一天，他浑身湿漉漉地回家了，原来是他没有带游泳的衣服，看见别的孩子都去游泳了，着急得自己就跳进了游泳池里，结果就成了一只落汤鸡。接孩子的时候，老师对此非常抱歉，她小心地看着我的眼睛，就像犯了什么大错误一般，我反倒很不好意思。

孩子每天回来都会开心地讲他们那里的生活。比如说，我们今天到郊外去划船，看见湖里面的鱼了，湖的周围还有帐篷和很多游艇。

好日子过得就是快，没过多长时间，这个教堂办的夏令营就结束了，在这段时间里，孩子被晒黑了，人也变得健康了。

有一个华人朋友告诉我，他们那个社区教堂开设的夏令营更好，直接就把孩子送到一个贫困的国家，让孩子们去体验当地孩子的生活。那些国度孩子们的生活让他们感觉震惊，虽然时间很短暂，但是很多孩子回来以后，触动巨大。虽然是小小的孩子，也开始学会了反思，知道去珍惜眼前的生活。

上完了这个教会学校，我们又去上儿子学校的暑假课堂，老师们带领学生打球、游泳，也学习一些音乐、舞蹈及手工艺品制作等方面的知识，孩子们可以学习到了新的知识，当然这些都是免费的。

来到美国上小学后，孩子的手工一直都是普通水平，现在怎么能够放弃这个提高自己的好机会？但是孩子必须由家长自己开车接送，而且每天只有半天的时间在学校里，这一点分散了我们很多的精力，所以孩子在假期上学，我们也不轻松。

我给美国本科生教学，工作压力很大，累得够呛。但付出和收获非常成正比，我的教学水平有了很大的提高，成了一名真正合格的美国教师，熟悉了美国本科生的教学，也熟悉了美国本科生的课堂。

辛苦地工作了一个多月，暑期课堂终于结束了，我感觉把千斤的重担放了下来。我去银行发现工资已经到账，这笔钱足够花费相当长一段时间了。

最近我挣了这么一大笔钱，非常开心，此时儿子也上完了辅导班，没有什么事了，于是就全家总动员，开始了全美国的旅游。

作为一个教育工作者，知道“读万卷书，行万里路”对孩子成长的重要意义。在条件许可的情况下，要尽量地带着孩子去很多地方，增加孩子的见识和人生阅历。

另外一个方面，出去旅行，也是孩子在暑假里的一个作业，孩子的小学，在放假前就布置了作业。开学时老师要求孩子们把暑期旅游时去过的地方，用照片的形式，给班级里的其他学生们做介绍，这个暑假作业单靠孩子一个人是完不成了，必须有家长的密切配合。帮助孩子过一个愉快的暑假，也是我们重要的责任。美国人是个好动的民族，他们只要有时间，就去旅游，现在我们来到美国，也入乡随俗了。

我们一直计划是要走遍美国的，现在有时间、有金钱，万事俱备，还有什么迟疑的？心动不如行动，于是，老公感觉是他大显身手的时候了。有一句说得好，学好数理化，走遍天下都不怕，作为一个理工科教授，只要手里有钱，出去旅游绝对是小菜一碟。他拿出在中国就买好的美国地图（个人感觉去美国之前从国内带地图去美国比较好，因为本土的地球标注的地名和咱们平时所熟悉的地名有差距），仔细地研究美国地图，于是又买来一个安装在汽车上的GPS导航，在电脑上定下旅馆，查阅资料，一切准备妥当之后，我们全家就开始了横贯美国大陆的旅行。我们开着自己的车，以帮助孩子做暑假作业为名，实则是为自己游玩也找个借口，开始了美国之旅。

这是一个激动人心的旅游之路，就像探险家一样游览从来没有去过的土地。在暑假里，我们走遍了美国的名山大川，饱览了美国壮丽的自然风光：黄石国家公园、大提顿国家公园、尼亚加拉大瀑布、科罗拉多大峡谷，这些景区都是自然的，很少人工的痕迹，壮观的自然景色让人叹为观止。

我们还去了波士顿，参观了哈佛大学、耶鲁大学、麻省理工学院，又去了罗得岛、肯尼迪国家历史旧址与图书馆、儿童博物馆，感受华盛顿的文化艺术气息，参观了华盛城的白宫、国会山、华盛顿纪念馆、林肯纪念堂、罗斯福纪念馆、美国国家二战纪念馆、美国国家美术馆、五角大楼、美国国家航天航空博物馆。

最后我们去了位于美国波士顿附近的哈佛大学。这所建于1636年的大学，是美国最古老的学校，也是全世界学子都向往的地方。

我记忆最深的一件事是，在哈佛创始人约翰·哈佛的雕像前，儿子摸了一下他的脚，兴奋地说，我摸到了他的靴子，我变得聪明了，要是努力，我将来一定能到哈佛，是吧？他看着我，期待着肯定的回答。

我点了点头，给儿子一个好梦支撑着他，让他有种信念，也是件不错的事。

这次旅行，收获巨大，在很长的一段时间里，孩子还恋恋不舍地想起那个暑假。孩子说，那是他感觉到最幸福的一个暑假了。

虽然没有学习很多学校的知识，当然学校也没有过多的知识去学习，但是却学习到了很多书本上所学习不到的东西，这对孩子今后的人生成长将起到很好的作用。

第三节　美国的教育更有利于男孩子成长

儿子在国内的小学里属于比较压抑的孩子，因为他的学习成绩一般，引不起老师的关注。但在美国学校里过得非常开心快乐，因为这里的学生少，老师不以成绩论英雄。

儿子并不是一个个案，在美国教学，我感觉美国的小学生比中国的小学生整体上更有自信。尤其是男孩子，无论学习成绩好坏，无论先天的资质怎么样，哪怕是最笨的孩子，在学校里都过得非常开心，美国的教育更有利于男孩子成长，更加容易培养出乐观自信的男子汉。

在美国的教室里，一个男孩子有什么不安分的举动是一件很正常的事，老师并不要求每一个孩子都必须坐得很端正。教室里的课桌很随意地摆放着，一般是四张小桌子放在一起。即使有些孩子做些小动作、上课听讲不认真或者是说句话，甚至老师在讲课的时候，他们在教室里走动，这些一般都是在老师允许范围之内，不会有任何麻烦出现。

在美国，学习好并不是一件什么大事，学校的功课这么简单，大家的成绩都差不多。而学习一般、体育好的学生最受欢迎，他们更容易得到老师的表扬和鼓励。

男孩子一般都坐不住，但在操场上，是男孩子称霸天下的地方。男孩子的体育成绩好，在操场上出色的表现，使得他们会赢得老师更多的表扬和鼓励，从而培养出更多的自信。美国的教育体制，对男孩子非常有利，给男孩子更多的空间和自信。

美国的男孩子的确很自信，就连儿子班里一直被儿子回家偷偷笑话的黑人小男孩路格斯都这样自信。路格斯出生于单亲家庭，妈妈是白人，父亲是哪一个，就连自己的母亲都搞不明白，当然他自己就更不明白了。母亲有好几个孩子，他有妹妹和弟弟，他的几个姊妹肤色也都不一样。

他的妈妈没有什么合适的工作，于是就申请政府的救济。路格斯做数学题的时候，总是交卷子最慢的一个。有的时候甚至还把鞋脱下来，因为他感觉手指头算数不太好用，所以只好把脚趾头拿出来算。

这样一个笨孩子，唯一的长处就是身体健康、擅长运动。要是在中国，路格斯一定会完蛋，在老师的眼里，他是一个典型的头脑简单、四肢发达的孩子，就凭他这水平，一定会经常犯错误，肯定会被老师骂得狗血喷头，三天两头地叫家长。所有的班主任都不希望班里有这样的孩子存在，老师肯定对他没有什么好脸。

但在美国情况却完全不同，因为体育成绩好，老师总是表扬和鼓励他。本杰明很喜欢他，由于他的成绩一般，反而得到了老师更多的关注，在体育场上更是人气超高。

所以他自我感觉良好，觉得自己和天使一般聪明。路格斯的脸上写满了自信和快乐，活得非常开心。美国的小学教育给男孩子一个广阔的天空，无论你的先天多么不好，但同样会得到老师的爱和关注。

在美国，对学生捣乱的惩罚是什么？绝对不是罚站，而是罚坐。老师给学生严厉的惩罚就是罚学生坐在那里，因为老师知道，孩子的天性好动，让孩子坐在那里不动，对孩子是一个惩罚。

而我们国内的教育却认为学生老老实实地坐在教室里不动，只是最基本的要求。这对天性好动的男孩子来讲，是一件非常不公平的事。男孩子的天性好动，他们经常无法管住自己，活动一下只是下意识的事，但在任课教师眼里，乱动影响到了课堂教学，是故意捣乱的行为。

所以男孩子经常被老师训斥，但老师没有想到，这些对男孩子的消极评价，对男孩的伤害巨大。它可以毁掉男孩的自信、乐观，会使他们变得懦弱和自卑，一个对自己丧失自信的孩子怎么可能有所成就?

现在国内偏重读写的学校教育，似乎专门为女孩子设计的。国内的教育在某种程度上对男孩子存在一定的不公平性，男孩子的身体发育和智力水平比女孩子发育要晚相当长的时间，一般是一到两年，有的甚至更长。所以应该对男孩子有更多的鼓励、更多的肯定，这点非常重要。

大多数情况下，男孩受到的表扬越多，他们对自己的期望就越高，也会越努力。这种表扬和肯定会使男孩确认自己的判断，对自己的能力感到惊喜，他的下一次努力就会更有信心。当成就欲一步一步得到提升，男孩的潜力就逐步地被挖掘出来。所以说，表扬和肯定会给男孩提供最大的机会。

很多男孩子在国内上学是不开心的，班里的老师只喜欢乖巧的小姑娘，尤其喜欢出身富有家庭的小姑娘。因为她的家长会和老师处好关系，节假日的公关活动也搞得不错，家长有权有势，孩子又得到老师的宠爱，在班里就像公主一样不可一世。

老师的偏心助长了她们的娇气和傲气，使她们从小就凌驾于其他同学之上。作为班里的班干部，她们可以随意地批评她们看不惯的同学。

至于成绩平平、沉默寡言的孩子，老师基本上关注不多，有时候还被同学到老师那里去告状，所以儿子在国内的学校里过得并不开心。

但是在美国的小学，所有的孩子都是平等的，哪怕他是一个平淡的没有任何特色的孩子，老师也给予足够的阳光、足够的爱、足够的关注、足够的空间。回国后，儿子多次对我说，在美国学校的这段时间，是他最快乐的日子。听到这句话，我的心里很不是滋味，有的时候怀疑当初为了孩子所做的决定是否正确。

因为在中国的小学里，男孩子的成长并不宽松，很多地方存在着对男孩子的性别歧视。人们一说起性别歧视，只会想起女性，想起女性在职场和社会所受到的歧视，似乎女性就是性别歧视的专利品。但男孩子同样存在着严重的性别歧视，只不过我们没有意识到。尤其在小学阶段，男孩受到严重的性别歧视。

这样的性别歧视，对于心智还没有发育完全的男孩子，是一个严重的摧残。虽然现在学校一再强调要进行素质教育，但什么是素质教育，学校领导都说不明白，其实就是穿新鞋，走老路。这在很大的程度上是有利于女孩优势的发挥，而男孩的优势相对容易被压抑。

看看目前国内小学的真实情况吧，这是每一个小学老师和家长都知道的情况，小学是阴盛阳衰的格局。

班级里第一名是女孩子，班长是女孩子，学习委员是女孩子，语文与英语科代表是女孩子；乖巧听话的是女孩子，懂事体贴的是女孩子，上课认真听讲、积极回答问题的是女孩子，课后认真写作业的是女孩子；单词默写全对的是女孩子，英语发音清晰的是女孩子，作文被老师拿出来诵读的是女孩子，阅读理解透彻的是女孩子，暗暗较劲互拼成绩的还是女孩子。

成绩倒数的是男孩子，不屑做班干部的是男孩子，上课趴着睡觉东倒西歪的是男孩子，被老师点名回答问题却连问题是什么都不知道的是男孩子；老师出错大声质疑不给老师一点面子的是男孩子，单词默写全错的是男孩子，口语训练沉默是金的是男孩子，作文分数低的是男孩子；做阅读不看文章提笔就做的是男孩子，计算频频出错的是男孩子，拿着相互喜欢的游戏与球队较劲的是男孩子。

这就是中国小学里男女之间最真实的写照。

按照中国传统的教育模式和中国目前的教育资源，虽然规定是一个班不能多于45个人，但目前的实际情况却是一个班级里大约有50—70个学生。中国就是这样，只要上面有政策，下面立刻就有对策。在这种情况下，只要有几个人说话，整个班级就无法安心听课。此时，老师就会严惩那些说话的人，而一般都是男孩子管不住自己，首当其冲就会受到冲击。

中国老师的眼睛里是容不下沙子的，要是哪个男孩子上课的时候喜欢做小动作，手一会儿摸摸书、一会儿摸摸笔，屁股坐在凳子上动来动去，他的后果将会非常严重，轻则罚站，重则找家长谈话。

在中国，一个学生的好坏是以考试成绩来决定的，而男孩子的学习成绩在小学阶段普遍不如女孩子，尤其是低年级的男孩子一般成绩都很一般。在班级里垫底的经常是男孩子，把全班平均分数拉下去的有可能是男孩子。所以很多男孩子就不讨老师的喜欢，挨训、挨骂并不少见，虽然说国内不允许体罚学生，但是男孩子被老师打的例子比比皆是。

中国学校的教育重记忆、轻分析，重灌输、轻方法，纸上谈兵多，动手操作少。所以尽管男孩到初中阶段，逻辑思维、空间想象、动手动脑能力都明显优于女孩，但在应试教育的环境下，男孩不仅缺少用武之地，还被认为是问题最多的学生，受到的批评多、打击多。有的老师还打学生，挨打的当然大部分都是男孩。

我周围邻居的几个小男孩几乎都没有幸免，有些孩子挨打之后，不敢回家说，是家长看见孩子的脸肿了、红了，再三询问之下，孩子才说出了真相。儿子在国内上小学的时候，由于不适应学校的考试，成绩不理想。他班的老师认为他没有任何特点，所以对他也没有什么关注。

因为我是教育工作者，知道小男孩发育比同龄女孩子慢，尽管那一段时间我对孩子的表现非常焦虑，但我从来没有责怪孩子。尽量去缓解孩子的心理压力，用了很多的时间和精力，才扭转了孩子的学习情况。

孩子的成绩上去了，慢慢地老师才给他好脸色看，他才开始有点自信，可以接受上学了。但作为陪伴孩子走过这一段的家长来说，个中的艰辛，不是三言五语可以道出来的。

我的自由时间相对比较多，还可以辅导孩子，但孩子班里有几个父母工作非常忙、家庭条件一般的孩子，就没有这么幸运了，成绩一直都没有上去，总是拖班里的后腿，班里什么好事都没有他们的份儿。

他们在学校里挨训是家常便饭，有的时候，家长去接孩子，经常看见孩子在抹眼泪，不用说又挨批评了。

孩子班里的那几个经常挨骂的男孩子，其实都是一些很不错的孩子。但他们的家长工作太忙，没有时间管孩子，就任由孩子放羊。孩子在老师的白眼和批评之下，自信心一点点被打击掉了，变得反社会，从小对学习失去信心，长大后很容易就成为小混混。

男孩的特性在学校得不到发展，会对他们的心理健康产生很大的影响。最糟糕的事是学校主要通过恐吓、强制和虚假的权威来维持运作，这损害了学生的健康情感，也损害人与人之间的真诚以及他们的自信。

我去中学实习，看见有的男孩上课的时候，单独被老师隔离开来坐着。问老师原因，老师说他是问题孩子，除了给班级添麻烦之外，不能再做别的事，而这样的孩子还不在少数。这些孩子在老师的歧视之下，自尊心受到很大的打击，无法控制住自己，慢慢地会变得攻击性强，对学习失去了信心。

然而，这些问题真的是问题吗？从生物学角度看，男孩每天大约需要四次课外活动，而在我们的教育中，男孩能一天有一次就算不错了。当一个男孩体内的每一根神经都催促他去跑去跳时，他却必须坐得端端正正，把手背在后面听八个小时的课，如果不这样做，后果就很不妙。

小学是这样，到了高年级，还是这种情况。在国内，我曾经任教一个高职学校，那里根据专业分班。所有的老师都喜欢给女生多的班级上课，因为女生多的班级，学习气氛好。几乎所有的老师都不愿意给男生多的班级上课，因为男生的学习积极性不高，老师难以正常地开展教学活动。但是学校里男孩子占大多数，到了排课的时候，大家都努力地去争取给女生班上课的机会。要是哪个老师不幸被分配去教男孩子占多数的班级，他会唉声叹气，直喊累。

那些男孩子都是天资很优秀的学生，但他们从小是被老师打、被家长骂得没有信心了。其实这些孩子，除了不愿意学习以外，在别的地方有很多天赋，比如说动手能力、运动能力、经商能力、组织能力和社交能力都很强。但目前中国的教育限制了他们天赋的发展。来自老师的批评和思想压力，对年轻的心灵造成极大伤害。这些伤害是无法弥补的，甚至将伴随受害者终身。

可悲啊，中国教育界以学习成绩论英雄的教育政策，毁掉了很多其他方面有天赋的男孩子。

童话大王郑渊洁说："我们的教育，就是给所有的学生穿上一样的鞋，然后让他们走不同的路。"他的话非常形象地说明了我们教育的特点，就是试图将孩子统一培养成听话的孩子，这样的教育可能对女孩不会带来困惑，但对男孩会带来越来越多的问题。

在学校里，男孩的天性没有得到承认，他们被迫放弃自己的个性。随着时间的流逝，男孩们变得安分守己了，但他们的特殊天赋也终于被扼杀了。谁都没有意识到男孩的行为背后隐藏着深深的原因，可以说，我们的教育正在伤害着我们的男孩，我们的教育对男孩子的性别歧视非常严重。

不是男孩出了问题，而是我们的教育出了问题。男孩天性中许多关键要素不适合目前的传统教育。我们是继续努力改变我们的男孩，还是应当改变现行的教育体系？

应该看到，男孩需要成长的空间，这个空间包括学习的空间和心灵的空间，我们的教育应该给男孩更多成长的空间，我们的教育要对他们理解多一点、宽容多一点、自由多一点，给男孩子们最多的鼓励。

只要我们尊重男孩的大脑，尊重男孩内在的成长规律和学习的意愿，多鼓励他们，我们的男孩就一定能成长为顶天立地的男子汉。期待将来的中国教育，让我们中国的男孩子更加有阳刚之气，不再让男孩子们泪流满面。占我们半数人口的男孩子强大了，将来中国才会有更多勇敢自信的男子汉。

在对男孩子自信的培养上，我们的教育应该多向美国学习。

第四节　美国教育赖以生长的土壤

任何事物都有其生长的土壤，美国的教育也不例外，美国教育之所以与中国的教育有如此之大的区别，和中美之间的社会和制度以及其国情有很大的不同。

美国教育是完全适应美国的土壤，作为孩子的家长，同时也作为一个中国的教育工作者，要客观正确地看待美国的教育，取其精华，去其糟粕，把美国教育的优点引入中国的教育体系之中，使得我们国家的教育变得更好。

美国是一个移民国家，又是一个多民族的国家，有112个民族。各个民族将自己的风俗文化带到了美国，美国强调民主人权，只好让其存在。我们东方文化所不容许的，美国容许存在，美国的教育和美国的国情一样，有其包容性和开放性的优点。

很多中国人用一种仰视的眼光看待美国教育，某些人甚至抱着一种崇洋媚外的态度，把美国教育捧到了天上。好像美国的教育就是天底下最好的、无与伦比的教育，孩子到了美国就过上了神仙一般的生活。带着一种蔑视的、同情的、俯视的眼光，看待中国的教育，把中国的基础教育贬得一钱不值。在这群崇洋媚外的人的脑子里，认为美国教育这样，所以中国教育也应该这样，如果不这样，就是错误的。他们的观点目前还非常有市场，其实这是一种非常片面、危险的观点。

在他们的眼里，中国的小学生过着水深火热的生活，只有孩子来到了美国，才走上了人间正道。很多华人，在国内的时候，是精英，但由于水土不服等原因，他们在美国混得并不成功。没有合适的工作，以打短工为生，甚至是无业，靠领救济为生。他们在美国到处飘零，为生活而担忧，大部分的时间与寂寞为伴。

可是在国内的亲戚、朋友面前，由于骨子里虚荣和爱面子的原因，他们摆出一副衣锦还乡的样子，绝口不谈美国灰暗的生活，对他们孩子在美国所受到的教育也不会多说其消极面。

他们绝口不提美国教育的不足之处，因为他们已经别无选择。在美国生存下去，已经耗费了他们大量的时间和精力，有的甚至是半生、毕生的精力。他们在美国生活所经历的艰辛和心灵煎熬，国内的亲戚、朋友难以想象。所以，要是说美国不好，说美国的教育不好，就等于否定他们为了留在美国所做的一切挣扎和努力。有些事实明显地摆在眼前，他们却不愿意去面对，其心态也是可以理解的。

所以，当这些人带着炫耀的口气来谈论他们孩子所过的校园生活时，我们一定要辩证地看待这些人的观点。

作为一个教育工作者，我们应该正确地看待美国的教育，既要看到美国教育中积极的一个方面，同时也要看到其不足之处，客观中性地看待中美之间的教育问题。

美国教育有很多优点，有很多值得我们学习的地方，美国对中小学的投资巨大，中小学全部是免费义务教育。美国的学校认为学生开心快乐是最重要的事，对学生的个性发展和创造力非常关注，尤其对每一个学生采取鼓励的态度，非常值得赞赏。这里，人的天性可以得到充分的发展，孩子在美国可以有一个幸福快乐的童年，学校并不把学习作为最重要的事，孩子还可以做很多其他的事。

美国小学的理念和中国小学完全不同，美国关注更多的是全方面发展。办学主旨倾向于学生开心快乐，学习并不占据最主要的位置。而中国的小学，一切都是次要的，体育和美术都是副课，只有学习占据了最主要的位置。学生在学校的一切都是围绕着学习进行的，学习不好的孩子，似乎就不会有更好的前途。中国的家长把孩子其他的方面放在后面，而把学习作为所有工作中压倒一切的事。

相比之下，美国中小学教育是非常宽松的，他们宽松的教育和他们整个国家体制有关。他们在学习期间，要是家庭条件不好，可以有条件申请救济，由于美国人口不是很多，找工作对美国公民来讲，不是一件非常困难的事，好的工作找不到可以打零工。美国人对一般的工作并没有过多的歧视。不像国内，对于好的工作和不好的工作，存在着很深的歧视，如果是个非常懒的人，不去工作，靠着政府的救济也可以吃上饭。这就决定了，他们国家的公民，有更多的资源可以享受。在生存上，并没有更多的压力，可以自由地过你所想要的生活。

在这种优越富裕的生活条件下，美国的小学完全有资本让孩子开心地玩。他们知道，玩是孩子的天性，没有孩子不想去玩。缺少玩，孩子的社会化不完整，人格不健全，思维和动作终生不协调，成功人士小时候也是在玩中长大的。

每天孩子出门上学时，我都看见吟的爸爸妈妈和孩子相互之间亲热一场，校车来了以后，父母会笑眯眯地对吟说道："Have fun!"译成中文可以是"高高兴兴的"，也可以说是"玩得高兴一点"。

不仅仅是吟的家长，几乎所有的美国家长对孩子都说的是这一句话，似乎上学最主要的功能是开心、交往、运动，最后才是学习。学习只不过是学校功能的一个组成部分，美国的"玩"，意义就单纯了很多，"玩"仅仅是"玩"。在球场上，比赛开始前，教练会对孩子说："Have fun!"在课堂里，考试开始之前，本杰明会对学生说："Have fun!"即使世界末日到了，他们也可能会一副轻松自如的样子。快乐的人生，快乐的学习，是许许多多美国人追求的生活目标。

再说"在玩中学习"，培养孩子的阅读习惯，应该是公认的好习惯。在美国小学学习语言是最主要的内容之一，用美国学校的要求来说，就是要教孩子会读。相比之下，会写倒没有会读那么重要。

我所认识的几个美国家长，每次孩子从学校回家后，见到孩子以后的第一句话，就是："孩子，今天你在学校里过得开心吗？"

要是从孩子的嘴里得到的答案是开心，那么孩子的家长就感觉孩子这一天在学校里过得是开心和充实的。

而我却和每一个中国母亲一样，每次接孩子问的都是你在学校学到了什么知识，开始的时候，我问得非常多，后来感觉问了也是白问。因为他在学校并没有学多少知识，学校只是给他指了一条路、提供了一个思维，让他自己去寻找、去思索。

所以问孩子学到什么，很多时候，他告诉我的是他学习的是什么样的体育项目。孩子的身体是健壮了， 美国人喜欢体育运动，特别是篮球运动，学校注意把人们的兴趣、爱好和业余时间引导到健康的体育运动方面来。

但是和美国的孩子相比，中国的孩子真的是玩不起，我们没有足够的社会保障体系去保障我们孩子今后的生活问题。我们的孩子长大了，要是没有在社会上可以立足的本事，想吃饱饭都是问题，要想找一个合适的工作更是比登天都难。

中国和美国相比，人口多，社会上可以分配的资源实在太少了，到处都是人。中国的孩子面对着比美国孩子更加大的压力，美国由于社会保障体系的完善，他们的生存不是问题。而且他们相对于职业的选择，没有更多观念压制着他们，他们不需要像中国孩子那样把学习作为最重要的事。即使不是名校毕业，他们也可以过上不错的生活，在这样优越的生存环境之下，美国学校并没有把学生的学习作为学校最重要的事，所以美国的教育就是在这样宽松的大环境中应运而生的。

而我们的孩子将来却要面临着巨大的生存压力，一个合适的工作，成千上万个人来抢，要是没有关系，没有出色的本事，想去和别人竞争非常难。

我们的孩子，无论是在国内还是在北美生活，都面临着比美国本土人更严酷的竞争。

在美国，对华裔非常不平等，华裔孩子不付出比别人更多的努力是站不住脚的。名校的录取成绩华裔要高于美国公民。在公司里工作，华裔比本土的人更加勤奋，却处于职场的下风。关于华裔遭受歧视和暴力的报道不绝于耳。

请看以下的一个最新报道：

> 最近一段时间，美国名校特别加高台湾、香港、新加坡学生录取门槛。综合美国华文媒体报道，美国哈佛、耶鲁等常春藤名校一直以来是亚裔家长心目中的首选，但近年来亚裔生的优异成绩和表现以及名校实行对少数族裔保障名额限制的平权措施，僧多粥少，使得原也属少数族裔的亚裔不但没享受到平权措施的好处，反造成亚裔生间相互竞争的排挤效应，想上名校更是难上加难了。

以前SAT拿满分再加上课外表现出色的亚裔生，几乎能百分之百进入名校，但现在是未知数。美国《中国日报》报道指出，如今名校只能精挑细选其中一小部分符合条件的亚裔生入学，许多亚裔精英虽然成绩表现远超出被录取的其他族裔生，但仍无法避免被淘汰出局的命运。

中学生的学业平均成绩和SAT考试成绩是美国大学在录取学生时首先考虑的要件，没有好的成绩，学生要进入一流大学是有困难的。但是，高中生的SAT考试成绩只是一个门槛，过了这个门槛之后，分数就变得没有太大意义了。在美国名校激烈的入学竞争中，一流名校申请就是一场少数者胜出的游戏。除了学术成绩的优异表现外，种族、地区、特殊才能、家庭背景，名校在录取学生时都会考虑。

比如说，一个白人学生、一个华裔学生和一个黑人学生申请同一所大学。如果三个学生在所有方面的表现都一样，名校首先考虑录取的一定是黑人学生，因为黑人学生在学校的学生中是少数。如果三人中录取两名，按理说华裔学生应当被录取，因为华裔学生的比例要低于白人学生，但又未必。因为华裔学生学习成绩好是出名的，但在社会表现上却不如白人学生，综合考虑之后，华裔学生可能就会落榜。

以族裔背景为参考的现况下，亚裔生平均要在SAT上多考50分，才能与其他族裔获得同样的录取机会。

由此可见，亚裔和美国公民根本就不在一个起跑线上，他们要比美国本土的人付出更多的努力。美国的自由、平等对华裔是不适用的，这就是事实。生存条件相对宽松的美国华人尚且如此，在就业形势日趋严峻的国内，我们的孩子会面临着更加激烈的竞争，华人的孩子玩不起。

中美教育之所以有这么大的差别，与两国的国情密切相关。仅从教育本身来讲，无法说明问题，只有和国情联系在一起，才会有更深入的分析。所以，不要盲目崇拜美国的教育，而要取它之长，补己之短。

还是因为国情不同，中美教育者看问题角度的差别非常大。比如说美国人参观中国的学校，他们对教室里学生争相举手回答问题，而且每个问题都回答得非常正确感到不可思议，无法理解为什么会有这样的事发生。在他们的眼睛里，认为既然学生都会了老师干什么还要讲。

这些反应很正常，不少美国人的思维已经产生了定势。认为自己来自于一个高度文明的国度，看不到另外一种文明、另外一种教育体系的优点。这种自大的美国人在当今的美国人数不少。

可笑的是，有些国内的教育工作者对美国人的反应却很激烈，他们的逻辑也是，美国就是权威。就连美国教育学家都看不懂的现象，那么一定就是不合理的，是值得我们去反思的现象。

他们的行为让人想起了鲁迅先生的《友邦惊诧论》，因为美国人惊诧了，所以中国教育界必须反思。什么逻辑？他们忘记了中美的教育分别生长于不同的土壤。

由于这个特例，某些教育学者甚至让整个中国教育界进行反思，这些人对于美国教育过分崇拜，迷失了自己，非常偏激地以老外的看法作为标杆，这是一种过分夸大美国教育的观点，教育界这种西化、媚外的思想值得警醒。

当然在国内还有一种观点，把美国的教育贬得一钱不值。认为美国教育根本不重视学生的学习，这种观点在美国国内也有不少市场。当然这种观点也有其片面之处，美国也有很多优秀刻苦的学生，也有很多注重孩子教育的家长。他们花费重金，让孩子去读最好的学校、接受最好的教育，成为对社会有用的人才。

第四章　美国教育的另外一面

第一节 美国教育存在不少问题

在美国从教，同时也做美国小学生的家长，我感觉美国的教育不是完美的，有许多地方需要改进，这点在美国的华裔家长很多深有同感。很多美籍华人都认为我国的中小学教育比美国抓得好，不少人把子女送回祖国读中小学，然后再回美国完成大学的学业。

我在美国教学的过程中，认识了不少美国的家长，他们对美国学校的教育也有很多不满之处。不少人反应非常激烈，这些对美国教育不满的人都是一些受到过良好教育、重视孩子学习的白人家长。

目前的情况是，美国从普通老百姓到上层社会乃至总统，均对美国当前中小学教育意见很大。他们认为，美国高等教育办得很好，中小学虽然办学条件好，但学校管理方式和教育质量有许多不足之处和弊端，甚至到了必须改革的程度。

美国国会曾组织了一个教育质量调查组，历时18个月对中小学教育质量进行调查。后来向国会提交了一份题为《国家在危机中，教育迫切需要改革》的报告。

报告指出：（1）近20年来统计的19项国际中学生比赛成绩，美国学生没有拿过一、二名，有几次还名落孙山。（2）全美17岁青年中，有13%为半文盲，主要是黑人、印第安人。非文盲的概念是能写信，能记账、能读懂生活说明书。（3）大学考试委员会反映，近年来考试成绩呈下降趋势，特别是语言、数学，下降几十分。由于小学教育质量下降，美国上下惊慌，他们担心21世纪乃至更远，美国是否能继续称霸世界。

奥巴马的《我们相信变革》是当下国内唯一一部全面阐述奥巴马的施政纲领的书。奥巴马在序言中谈到，美国家庭应该注重儿童教育，使自己的子女有能力与中国的孩子竞争将来就业的机会。

他在序言中是这样写的："我们需要更加努力地工作，学习更多的知识，教导我们的孩子用书籍和家庭作业来取代遥控器和电子游戏……教育的进步既需要更多资源，又需要更多改革。这需要对儿童早期教育进行投资，招聘待遇相对优厚、表现更为出色的合格的教师，并通过为国家或社区服务可享受免费教育的计划，确保人人读得起大学。最为重要的是，父母需要尽早且经常性地参与儿童教育。我认为，如果我们真心想帮助自己的子女与北京和班加罗尔的孩子竞争将来就业机会的话，需要我们大家共同努力，确保让我们的每一位孩子从呱呱坠地到大学毕业一直接受世界一流的教育。"看来，他意识到美国教育确实有很多需要改进的地方。

美国中小学教育质量与美国的所谓"民主社会"是有关系的。美国高喊"教育民主化"，对教育采取"开放"的政策，导致学生不刻苦学，教师不严格教，治学不严，质量必然不高。

具体说来，主要弊端是：

第一，课程内容不充实、不完善。高中学校实行学分制，学生只要求及格，只要求达到规定的学分数，有些学科根本不学。对此，夏老师非常有感触。

他刚来美国的时候，租房子为了省钱，到了一个偏僻的地区，这里的公立学校不好。他儿子的学校，教学非常松散，老师大部分时间都在教学生如何玩，他和我当初的感觉一样，美国的小学就像一个幼儿园。

他们那里的校长每天把很多私人物品带到学校。俗话说：上行下效，校长这么做，有不少老师也这么做。校长认为这么做可以开阔学生们的眼界，不会影响学生们的学习。他儿子回家的时候，经常讲他所看见的新奇东西，说老师上课非常随意，总是搞一些别出心裁的玩法。

他听后，心里不是味道，想找合适的机会和学校的老师谈谈，让他们少玩一些，多增加一些学习的功课。

但一次大型的家长会上的遭遇，使得初到美国的他丈二和尚摸不到头脑。

一般美国的家长会是小型的、一对一的家长会。但也有一些时候是大型的家长参观学校的会议。

于是，趁着这次家长会，当着家长和老师的面，夏老师对学校提出了应该多加一些文化课的学习，增加一些作业和考试。他认为家长们应该深有同感，能够异口同声地声援他。

没有想到话音未落，却引来大家一片反对之声。所有的本地家长和其他移民的家长一致认为，功课已经够了，作业也可以了，再多孩子就太累，原来的课时安排已经非常合理了。而且大家一致认为考试已经很多了，那些不必要的考试，应该再减少一些。家长们不明白为什么孩子需要学习这么多知识，很多知识他们认为没有学习的必要性。

那些家长反倒是建议多增加一些体育课，多增加一些体育比赛。因为家长们认为，孩子这么小，学习不是重要的，学习好不好都没有太大的关系。重要的是孩子身体好、玩好，这才是最重要的事。

天下还有这样的父母？听了这些，夏老师直接无语了，道不同，不相谋。现在他终于知道，要是靠着美国的教育，把孩子培养成才，简直是做梦。

靠天靠地，不如靠自己。从那以后，夏老师明白了真实的美国教育，于是，他开始拿出更多的时间，补习孩子的功课。

后来他的孩子考上了美国名校，申请到很高数额的奖学金，多亏他夫人全力以赴地付出。他的夫人是美国的博士，为了支持丈夫的工作，也为了照顾孩子，所以工作一直不顺利。儿子高中这段时间学校的功课非常松懈，孩子的学习积极性不高。以他们的经济，又没有足够的实力去上美国的私立高中，于是，夏老师的夫人就全职在家辅导孩子。在她几年的辛苦之下，儿子最终才考上了美国的名校。这时候，夏老师的夫人才又重新找到了一份工作。

说起这事，夏老师深有体会。单单依赖美国学校的基础教育，孩子绝对不会考上理想的大学，更不要说申请到奖学金了。

而当年一直反对他的家长的孩子，很多没有上大学。有的高中毕业后就工作了，有的就上了社区学院。因为黑人和一些来自不重视教育国家的移民，并不主张孩子刻苦用功。在他们的眼里，上不上大学都无所谓，到时间有好工作就不错了。反正他们也没有什么职业高低贵贱的观念，即使没有工作，靠着救济金，也可以过上相当不错的生活。

我也感觉儿子的学校玩的时间似乎太多了，与其说他们是小学生，不如说他们是幼儿园的学生更好，当然说他们是体校的学生也很合适。因为学校关注更多的就是运动和学生的开心快乐。

我们住的这个城市冬天经常下雪，孩子在野外滑冰的时间很多，除了滑冰，剩下的就是在学校的室内游泳池里游泳，到了夏天就到操场上打棒球。最让我奇怪的是，他们这里越到冬天，游泳课上得越多，到了夏天，反而不上游泳课了。

老美很多时候都不按照中国人正常的逻辑出牌，他们的教育思路和我们也有不小的差别。

第二，学校纪律自由。主要表现为：一是吸毒。美国大、中学生有15%吸毒。二是纪律糟糕，出勤率低。“在美国，书好教，但学生不好管，也不敢管。学生在课堂上相互讲话，教师不能制止，只有大声讲课，用自己的声音压住学生的说话声。”也难怪，美国的教育是以学生为主，老师是服务于学生的，老师的权威性需要加强。

当然在一些好的社区，在美国好的公立学校，孩子的家长素质比较高，这种情况还少点。但是在一些不好的公立学校，尤其是黑人区或者是其他少数民族移民地区，这种情况非常严重。

学生中经常出现暴力事件，美国中小学几乎每天都有暴力事件发生。很多中学设有安全检查门，学生入校，必须经过安全检查。这在黑人居多的地区，情况很严重。

在美国很多地方，黑人似乎可以和暴力画上等号，看看他们跳的街舞，看看他们的形象，看看他们人与人之间交往的方式和礼节，让人心里总有一种不踏实的感觉。

第三，性开放的影响。学校男女生性观念开放，针对学生的情况，学校也进行性教育，也有预防措施，如发避孕套、避孕药等。高中还设有育婴室。在美国的很多中学都有育婴室，里面有不少婴儿，并有专职保育员看护。美国规定普及12年教育，高中女生怀了孕，既不允许堕胎，又不能开除学籍。生了小孩，不仅要保证母亲受完高中教育，还要保证婴儿健康发育成长，因此高中育婴室应运而生。社会慈善机构密切关注高中开设育婴室的情况，经常来人调查了解，为育婴室供给经费。

17岁以下学生饮酒率、吸烟率和吸毒率白人学生最高，15—19岁女学生怀孕率占全国的比率是43%。

儿子所在学校的高中是一个很好的学校，但是少女妈妈的人数也有一些。要是在一些不好的学区，少女妈妈的人数更多。但美国社会比较包容，少女妈妈没有遭到歧视，她们的学业还可以正常进行。

儿子同学的家里，有未婚就生孩子的情况并不罕见。她们把性当作自然而然的事，认为感情到了，一切都会水到渠成。至于孩子既然生出来，就养吧，反正国家对未婚妈妈的补助，可以足够维持未婚母亲和孩子的生活了。

这点和我们华人的道德观、生活观，大相径庭。即使在美国生活多年，许多生活习惯早已西化的人，也很难容忍这样的事情发生在自己孩子的身上。

第四，学生流失严重。美国虽说普及了高中教育，但在18—19岁的青年中，高中毕业率为75%。流失的学生多为新移民的孩子和黑人的孩子。不管美国的办学条件多么优越，仍然有不少青少年厌学、逃学，甚至犯罪走进监狱，美国黑人孩子高中毕业率仅有65%。他们的父母自己的生活都是一团混乱，所以很难教育出多么优秀的孩子。

我在美国公司工作的时候，遇见了很多中学没有毕业的人。其中黑人占了相当一部分，他们很多英文单词只会说，不会写，很多单词都写不正确，有时候，还是我告诉他们怎么拼写单词，可见他们掌握的知识到底有多少。

第五，正常的必要的教学时间得不到保证。美国中小学生每天在校上课仅六小时，还含午餐半小时和课间休息，并且全年在校学习日为200天。近来美国有些教育工作者呼吁，要求将学生每天的学时增加一小时，由原来的六小时增加到七小时，将全年的学习日增加20天，即增加到将近220天。

在美国，孩子在学校的时间少，牵扯了家长大量的时间和精力，直接影响到家长的工作。这就是为什么在美国的一些华人妈妈，即使受到了很好的教育，依旧全职在家照顾孩子。即使孩子的母亲拿到了美国的硕士、博士学位，也难以有更多的时间和精力出去工作。因为她们要抚养孩子，还要督促辅导孩子们学习。

在美国学生当中，亚裔学生最用功，亚裔高中生平均每周有十个小时花在做家庭作业上，而其他族裔学生每周做家庭作业平均在七小时左右，2/3以上的亚裔学生每周有五天以上做家庭作业。亚裔学生出勤率最高，留级率最低，辍学率最低。16—24岁的亚裔学生辍学率为3%，华人学生辍学率更只有2.8%。亚裔高中生应届毕业率高居榜首，达91%，远高于全国74%的平均水平。

亚裔学生父母文化程度较高，家教较好，这在一定程度上增强了亚裔学生的能力。54%亚裔学生的父母至少有学士学位，在各个族裔中比例最高。其中有硕士学位的占14%，而高中以下文化程度的只占13%。亚裔4岁小孩认字率和认数率在各个族裔中最高。

我国的基础教育，目前抓得很紧，我国中小学使用教材内容的深度，超过了日本和欧美发达国家的水平。与此同时，国内各类中小学校在课程设置上一般都非常紧凑，实行全日制教学制度。而美国，不仅寒暑假期较长，节假日多，而且中小学学生们每天下午三点就放学回家，类似于放羊。

由于国内中小学教材的难度较深，学生们在日常学习时间上大大超过了美国的同龄学生。所以在对新知识的理解和接受能力上自然也要高一些。中国学生学习的刻苦程度远远超出了美国，学习知识的深广程度也是美国的中小学所无法相比的。中国学生在国外参加中学统考时取得的笔试成绩通常都让人刮目相看。

中国人在美国的高科技人才中占25%。大学留学生中，中国留学生成绩远远优于其他国家。

尤其在理工科方面，华人工程师占据相当重要的地位。老公所在的美国大学里，他们的学员、华裔教授占有相当的比例，而且中国留学生相对来说，要是申请美国奖学金的话，理工科比较好申请。因为美国本土很多人不愿意学习这类难学而且又费力不讨好的功课。

在中美教育之间做比较，我认为美国公立的基础教育过分放任和松散，学习应该抓得紧一些，把基础知识的难度加大。

而国内的基础教育，可以适当把教材难度放低一些，给孩子多一些休闲和娱乐的时间，让孩子有美好的、值得怀念的童年。当然，在目前幼儿园小学化的今天，这个理念孩子们的家长未必能接受，但从孩子生长发展的天性来看，还是很有必要的。

第二节　美国公立学校

孩子在美国所上的这所学校，是一所相当不错的学校，这所小学属于教学质量比较好的学校。学生来源有一部分是大学员工的孩子，这类家长比较注重孩子的教育，但我工作了一段时间后却发现学校存在许多问题。

在美国我接触了大量的美国人，感觉现在的美国人普遍追求享乐，对生活没有忧患意识。尤其是周围的市民阶层，对金钱的花费大手大脚，没有储蓄金钱的概念，有点今朝有酒今朝醉的感觉。一些在公司里打工的美国人，要是老板晚一天给他们发工资，他们就会罢工。因为他们早就把金钱计算好了，晚一天发工资，对中国人无所谓，但对美国某些人来讲，后果很严重。意味着他们的资金链就断裂了，他们就会交不上房租、交不上保险。

我在孩子学校工作，认识了不少学生和家长，其中相当大的一部分是单身家庭，美国的单亲家庭多到了让我感到吃惊的程度。在国内，周围大部分的家庭都是正常的情况，包括孩子同学的家中，单亲家庭的比例不是很高。

但在美国情况却不是这样，周围的华人朋友告诉我，单亲家庭在美国是一个非常普遍和特殊的家庭类型。除此之外，再婚家庭的比例有相当的比例，正常家庭的比例反倒不是很高。

美国的单身家庭到底有多少，在官方的统计上，说是大约有1/4的孩子出生于单亲家庭。单亲家庭数量为1370万，2180万儿童是生活在单亲家庭里。据美国权威机构的统计数字，在单亲家庭中，84%的家庭是单亲母亲家庭，其中45%的单亲母亲为离婚，34%的单亲母亲从未结过婚。约80%的单亲母亲是全职工作，一个人支撑着家庭，46%的单亲母亲要抚养两个以上孩子。

在实际接触中，感觉比例似乎比统计得来的数字还要高一些。即使有些家庭不是单亲家庭，也是重组家庭，重组家庭在美国家庭中所占有的比例也相当大。

孩子班里的单亲家庭就有好几个，其中有个叫露丝的小姑娘，她的妈妈一个人带着他们姐弟二人生活，这姐弟二人也不是一个父亲。她妈妈的收入不高，所以他们在学校里也吃免费的午餐，领着政府的救济。

露丝的妈妈对孩子非常疼爱，但是由于工作忙，精力有限，所以，能够做的也就是保证孩子们吃饱穿暖，不再挨饿。至于学习还有其他的地方，精力就完全达不到了。一个单身妈妈确实不容易，挣钱、养家糊口，另外，她还要交往男朋友，生活上的压力大，总是要找个精神上分担的人。

每次见到她接孩子的时候，第一句就是问你今天开心吗？

要是听孩子说开心，她就满足了。一个用辛勤工作养育着两个孩子的坚强单身妈妈，能做到让孩子开心已经很不简单，要是再让她去随时关注着孩子的学习，她的精力根本就达不到。

孩子所在的学校从学前班一直到高中都有，所以我也认识了几个高中生和他们的家长。我发现，在读的高中生里，还有几个未婚少女妈妈，也是就是15岁左右，就已经有了孩子。

爱丽丝就是一个未婚的单身少女妈妈，孩子的爸爸就是她以前的一个邻居，后来没有高中毕业就去一个酒店里工作了。据说她的男朋友并没有和她结婚的打算，他的意思是生孩子并不一定就是要结婚，这根本就是两个概念，最好不要混为一谈。生孩子并不是他的事，所以养孩子和他更没有什么关系了。

这样的事，要是在国内，女孩子的家长一般是两种反应：一种就是感觉孩子伤风败俗，想方设法让女儿打掉孩子，把这件事消灭在萌芽的状态；另一种就是想办法让男方赶快结婚了事，至于将来幸福不幸福就不是他们所关心的问题了。

但在美国，女孩子的家长对此事也只是抱着平和的态度，美国社会相当开明，尊重个人的人生选择。虽然一个不到16岁的孩子还没有什么选择的能力，但这样的事既然出现了，家长也就顺其自然。

爱丽丝的妈妈，大学毕业以后，没有找到合适的工作，生了三个孩子。虽然那个时候她并没有结婚，当然后来也一直没有结婚。

后来几个孩子长大了，她终于轻松了，想着去找个适合自己专业的工作。有些事是计划不如变化快，她还没有开始行动，女儿的动作比她更快，给她生了个外孙回来。女儿的男朋友肯定不会养育这个孩子，因为他自己本身就是个孩子。除了对这件事很好奇之外，没用其他的感觉，根本没有想要承担一个父亲所应该承担的责任，什么父亲之类的事，在他的脑子里没有概念。

至于让女儿去养这个孩子，也不现实，毕竟她不过是个中学生而已。心有余、力不足，经验、能力什么都没用，让人根本不放心。所以真正养孩子的最佳人选就是爱丽丝的妈妈，她只好又承担起这个工作。

在儿子学校的高中里，除了爱丽丝以外，还有几个少女妈妈。

学校的老师告诉我，少女妈妈只不过是一种司空见惯的现象，在美国不是什么事。有些高中为了让少女妈妈安心学习，还专门设立了育婴室，养育着学生的孩子。但这所学校没有，他们似乎感觉自己学校的工作做得不细致。

美国的社会更容易接受单亲抚养儿童，美国少女怀孕生育率高于其他国家，是单亲家庭比例高的主要原因。两性角色变换、避孕药增加、某些社区的封闭性和社会对未婚产子的接受都是单亲家庭增加的原因。美国少女未婚先育的比例不低，中学生里有不少少女妈妈。

从某种意义上来看，美国人的心态确实不错，真切，坦然，爱就爱，不爱就不爱，绝不藏着掖着。爱的时候，两情相悦，不爱也不成仇敌。美国人为自己而活，自己不幸福，管后代做什么？中国人为后代而活，后代不幸福，活着有什么意思？

很多孩子不在正常的家庭中长大，大部分时间，他们和母亲长大，缺少正常家庭的氛围。这样的家庭会给人的童年蒙上一层阴影，对一生都有深远的影响。

最有名的例子就是奥巴马。当年老奥巴马离家前往哈佛大学念经济学博士学位的时候，就把年轻的妻子和两岁的儿子奥巴马抛下了，他没有钱带上妻儿同去。在奥巴马两岁的时候父母分手他从小生活在一个没有父爱的家庭里。

奥巴马的例子在美国非常普遍。不过奥巴马是幸运的，他有一个优秀的母亲，使得他最终成功。奥巴马在父亲节时所写的那封信里，坦诚地说出了自己生活的缺憾，这封写给父亲们的信非常精彩：

> 我的成长没有父亲的陪伴。他离开时，我只有两岁。虽然我和我妹妹能足够幸运地在一位优秀的母亲和祖父母的养育下成长，我仍然感到这是一种缺憾。我常常想假如他没有离开的话，我的生活会有怎样的不同啊。
>
> 这就是为什么我要如此竭尽所能地去成为自己孩子的好父亲。当然，我并不总是成功。到目前为止，我的工作常使我不情愿地离开家庭，此时培养两个姑娘的重任就过于依赖米歇尔去完成。
>
> 从我自己的成长经历和尽力成为称职父亲的经验中，我对孩子最需要从父母处得到什么的问题，有了更深的心得体会。
>
> 首先，孩子们需要我们花时间与之相处。这不仅指相处的时间长短，更重要的是相处的质量。也许只是简单的问候或者是散散步、说说话，但是这些最简单的活动却能够产生最大的影响。
>
> 我的两个女儿这些日子住在白宫，但是米歇尔和我仍然要督促她们完成家庭作业和做一些力所能及的家务，同时还要负

责遛狗。

尤为重要的是，孩子们需要我们无条件的爱——无论他们成功时还是犯错了，也无论我们生活水平的贫或富。

对很多美国人来说，当下的生活并不容易。越来越多孩子的成长过程缺少父亲角色的参与。而有些孩子没有父亲陪伴是因其要在军中服役。而且对于那些能够陪伴自己孩子的父亲而言，经济的不景气也使他们喘不过气来。然而，就算你正处于失业或者为生活疲于奔命的状态，你也应当把保证孩子们的健康快乐和安全作为压倒一切的事项。

这就是为什么我的政府要给那些想要成为好父亲的人提供额外支持。我们鼓励社区和有信誉的团体关注父亲，联合工商界给父亲提供更多的机会陪孩子去保龄球馆或棒球场，并且和随军牧师一起帮助服役军人和他们的孩子联系。

我们做这些工作，是因为加强父子之间的情感纽带对我们关系重大。你还可以在 fatherhood.gov 网站上了解更多我们正为此付出的努力。

但是,众所周知,每个父亲都有个人责任保证孩子正确行事。我们都有责任鼓励孩子关掉游戏机、打开书本。我们都有责任给我们的儿子买健康的午餐或者去户外和我们的女儿踢球。我们都能够告诉孩子什么是对错，并且以身作则告诉孩子“己所不欲，勿施于人”的道理。

孩子们都是很聪明的，一点都不傻。他们能理解生活并不总是尽如人意，有时道路会充满曲折，而且再伟大的父母也不总是正确的。

事实上最最重要的是，他们只是想要我们参与他们的生活。

因此，像我的话，最近就找了一份兼职工作：担任我女儿 Sasha 所在篮球队的助理教练。一到周日，我们就集合球队训练。有好多次，我都亲自助阵他们的比赛。我们真是乐在其中——尽管当她父亲冲裁判大声表达不满时，她会翻白眼。

然而，看着她在球场上下来回奔跑，我是感到如此的骄傲。在这样的活动中她学习、提高并收获了自信。我希望在将来，她能够回头重温这样的经历，是这些经历帮助她成为了一个真正的人并促使她自己成长为一位合格的家长。

最后我想说的是，成为父母是意味着——那些珍贵的和孩子相处的以及为他们的未来充满骄傲和兴奋的时刻；那些我们自己树立榜样或者给他们提供建议的机会；那些我们只是那样毫无保留表达对孩子的爱的机会。

正是这些美好值得我们去记住父亲节以及每一天。

奥巴马由于自己自身的经历，所以他看问题相当有远见。他看出了美国基础教育目前所面临的问题，知道美国的基础教育如果不改革就没有出路。但目前却还没有进一步的行动，因为美国基础教育的问题很多，一时间还没有相关改革的配套措施出现。

美国学校面临着这么多的问题，华裔的后代在这样的环境之下成长，难免会有问题出现。尤其是在孩子叛逆的青春期，该接受的东西未必能够接受，没有接受的东西倒是全部都接受了。如果这个时候，父母再没有关注他们的心理成长，很难说他们不会受到周围环境的影响。

公立学校的问题这么多，学习气氛这样松散，难道美国就没有合适的学校可以全面地培养学生吗？答案是否定的，美国有非常优秀的学校，那里的教学质量非常高，而且学生毕业后，很多可以直接通向名校。那就是美国的私立学校，那里集中了美国优秀的教育资源，培养出了大量的精英。美国的私立学校到底是一个什么样的学校？我非常想知道它的教育理念和教育方法。

第三节 美国私立学校严格的教育模式

假期里，夏老师邀请我们全家到他的家里开派对，这种party，主人提供场所、小点心、部分饮料或者饭后甜点什么的。来宾每人带份自己做的吃的，要是你实在不会做或没时间做也没有关系，你可以去买食品、水果或酒等带来，总之不要空着手到主人家，这样很不礼貌。

聚会之前大家还可以协商每人要带的东西，如沙拉、肉、甜点、饮料等，以避免不均匀分布。这样的聚会，主人不会因为准备饭菜压力太大，可以邀请很多人来参加。而参加的人越多，食物就越多样化。大家一起分享食物，每个人都能吃到很多种类的东西。这不仅是美国人最经常举行的一种典型聚会形式，也是在美国的华人间最流行的party方式。

主办这种聚会，主人没有做饭的负担，所以可以常常举办或者轮流举办。最关键的是，吃喝在聚会上不是最主要的事情，这种聚会的目的是给大家一种交流和娱乐的平台。旧朋友相聚，结识新朋友，没有压力的聚会让整个气氛轻松愉快。这种聚会不局限于亲戚或者朋友之间，甚至传播到其他领域。

都说物以类聚、人以群分，一点也不假，夏老师是非常成功的华裔，在他的家庭派对上，我们认识了很多成功的美籍华人，有各个行业的精英。

其中有一个人给我留下了非常深刻的印象，他非常魁梧，声音洪亮，仪表堂堂，虽然头发半白，但面色依旧红润，腰板挺得非常直。

夏老师给我们做了介绍，说他姓王，曾经是夏老师的老师，现在已经退休。退休前在哈佛大学做研究科学家，目前在国内几所大学做客座教授，和国内的几所大学有着密切的学术联系，也经常回国。

王教授带着自己的夫人和孙子一起到夏老师家参加聚会。王教授的孙子目前在美国一个有名的私立学校读中学，学习成绩优异，据说他就读的私立学校，对学生要求非常严格，教学质量很高，所以一半以上的学生都有升入美国常青藤名校的机会。当然孩子的学费也非常昂贵，要是没有一定的经济实力，根本不用去想。

王教授出身平常，但才智超人，异常刻苦。他早年毕业于国内最高学府，去美国后，一直在美国常青藤学校做研究科学家，是当地华侨界非常有影响力的人物。在学术上很有影响力，经常应邀到欧洲几所著名的大学做报告。

他非常注重孩子的培养，家里的学习氛围非常浓厚。他有足够的经济实力，让孩子接受美国最好的私立精英教育。所以他的孩子都走进了美国最顶尖的名校，毕业后找到了薪水优厚的工作，在单位能独当一面。他带的孙子是最小儿子的孩子，他的爸爸出差去了，所以假期的时候，王教授帮助照看一下。

听了王教授的经历和他孩子的成就，我非常敬仰，于是虚心地向他求教孩子成才的教育方法。

王教授是一个非常健谈的人，也愿意把自己教育孩子的心得与我分享。他告诉我，没有教育不好的孩子，只有不会教育孩子的家长。孩子的教育是一门大学问，要有耐心和恒心，还要有信心。十年树木，百年树人，把孩子培养成人，并不是一件容易的事。

在中国有什么样的家长就有什么样的学生，同样的事也发生在美国，孩子的成长和他的家庭是否注重教育有密切的关系。

在他所从教的美国大学里，他所接触的学生，除了为数不多的几个特别有天资的孩子外，在他们身后，几乎都有非常了不起的父母。这些父母们不仅大都有较高的文化品位，而且有很多家长是在某一科学文化领域取得显著成绩的成功人士。即使他们的父母不是什么优秀成功人士，但在家庭教育方法上也是胜人一筹。

这些成功的家长给孩子提供了一个宽松、自由、自信、快乐的生活学习环境。还有因他们个人的成功，对生活的自信也传达给了孩子，让孩子自觉不自觉地学会自信地面对一切。再加上重视孩子的教育，教育孩子的方式得体，所以给孩子一个好的教育环境，对孩子的成才，非常重要。

我很同意这个观点。个人的成功，有很多偶然，但是更多的是必然。大多数孩子在刚刚出生的时候，在智力、体格等很多方面，并没有太大的差距。但是随着年龄的增长，孩子们之间的差距越来越大。家庭教育、学校教育和个人奋斗是这些差距的根源。

夏老师告诉我，王教授的几个孩子上的都是美国私立学校。从小学一直到高中，为了孩子的教育，他不惜花费巨资。孩子从小学就住校，不但基础知识比公立学校的孩子掌握得扎实，而且在体育、艺术、绘画等各个方面，也都比公立学校的孩子走得更远。

这是我第一次听说美国的私立学校，在我的眼里美国的公立学校在硬件上已经是完美无缺了。美国孩子就读本学区的公立学校不需要付学费，就连学校里的书本费、午餐费、交通费也不用家长掏钱。学校里的课外书籍是上一届学生用过以后保留下来的，午餐费由政府拨款，学校的免费校车则解决了孩子们的交通问题，家长不用付任何的费用。这些钱由美国政府用纳税收入全部付出了，这样的教育给国民提供了非常好的资源。

但王教授为什么要放弃免费的普通公立教育，每年为每个孩子支付2.5万到4.5万美金，送他们去读私立中学？王教授有三个孩子，都在私立学校接受教育，这可是一笔不小的开支。

“是不是你非常有钱？”我不解地问他。

王教授直摇头，他告诉我，当时的收入并不是很高，但是为了孩子有个好的未来，他感觉所做的努力非常值得。在他的周围有很多这样的家庭（这些家庭并不都是大款），送孩子去读私立学校。

王教授告诉我，目前，在美国读私立学校的学生人数巨大。在2008年将近7000万，这是可观的数字，而且今后的人数会有不小的增加。

王教授的一席话，使我感到，在美国很多受到良好教育、有着一定经济实力的家长，也非常重视孩子的教育。在公立学校听到、看到的让孩子放羊的现象，只是一部分家长的做法，而且是一部分生活环境一般家长的做法，并不代表所有的美国家长。

美国的富有阶层，对美国免费的公立教育存在诸多的不满，并不放心任由孩子自己成长。他们不惜花费巨资，让孩子接受最好的全方位教育，把孩子培养成全面发展的优秀人才。精英家庭的家长对孩子教育抓得很紧，美国律师、医师这些高收入群体对子女的要求一点不比中国家长少，他们子女从事高薪职业的机会也比低收入者子女的机会多得多。当今美国政界的大人物，比如说，布什家族、克林顿，这些人的孩子都上的是顶尖名校，从小就接受最好、最严格的教育。从某种意义上来讲，美国的私立学校造就出精英阶层。美国受过良好教育的家长，和中国的家长一样望子成龙，可怜天下父母心。

虽然美国人并不知道中国有个“孟母三迁”的故事，但美国那些有着不错社会地位和收入的家长却知道，学校是孩子获得知识和技能、结识朋友、价值观成型的地方。一所好的学校、一个好的校长、一个好的老师，会改变孩子一生的轨迹，不但传授给孩子知识，还会影响孩子的性格、人生观和价值观。同时，美国的私立学校也可以给孩子培养好的人脉。

王教授说，美国高等奖学金有这样的趋势，学生来自名校获得高等奖学金的概率更高。因为他们名校的教育背景已经为他们铺上了一条康庄大道。在一份最新的《华尔街日报》的调查中，Brearley学校每年的毕业生进入美国七家顶尖大学的比例为47%，这个数据公立学校远远无法比拟。

王教授告诉我，他感觉美国的小学太宽松，对基础教育不重视。所以他选择了教育质量高的私立学校，这里的情况和公立学校的完全不同。 美国私立学校的人数非常少，都是小班教学。私校的班级小，只有十几个人，这是公立学校不能比拟的。

私立学校每个班大约是十几位学生，这样老师能关注到每一个学生。学校的教学节奏是非常紧凑的，对学习要求得很严格。学校除了一些常规的体育活动以外，还有一些动手的课程。比如他们有木工课，老师和同学们建造船去参加比赛，参观他们的艺术馆会发现很多他们自己制作的艺术品。

上私校的学生下午三点放学后，就开始上各种课外班，补课到晚上八、九点，好学校的学生年级越高，压力越大。很多上补习课程多的孩子睡觉都非常晚。私校管理很严，功课很多，两个礼拜回家一次。

到了高中就是导师制，每个导师指导四到七个孩子。王教授孩子的学校规定导师每个星期都要召开会议，跟踪分析学生的问题和进步，定期和课程老师及家长联系。如果孩子们出现了一些比较大的问题，导师也负责和学校相关办公室联系。私立学校老师对学生的要求也很高，尤其着重培养学生阅读的兴趣。在私立学校，老师可以不吃中午饭，也会帮你解答问题，公立学校就不是这样。私下认为公立学校和私立学校最大的不同在于班级大小。过去一个班有三十多个人，每个班里，学生好、差、中都有；而在私立学校，同学之间的差距没有这么大，

王教授说，就像中国分重点学校和一般学校一样，美国同样也有好学校和一般学校之分。一般来说，美国公立学校不如私立学校教学质量高（当然也有不错的公立中学）。夏老师的孩子没有上私立学校，但夏老师的孩子所在学区比较好，他非常重视孩子的教育。他的夫人用全部的精力去辅导孩子，所以夏老师的孩子在学业上非常优秀。

另外，美国还有公立且不分地区招生的实验学校。每个实验学校的侧重点不同。以音乐教学为主者有之，也不乏侧重科学和艺术的学校。

在美国的主流评判体系里，私立学校的口碑远远超过公立学校。私立学校学费较高，学生家长就是教师的衣食父母，流失了学生直接影响到教师的饭碗。所以，老师们始终保持着昂扬的工作热情，教学效果十分显著。

王教授说，私立精英教育起源于英国，但在美国得到了更大的发

展。美国的私立学校有的已经有很长的历史，形成了一整套优秀而独特的教学方式。私立学校在师资力量、校园设施、学校财力、资源配给等方面都得天独厚。从培养学生的成就来看，私立学校也无疑要比政府公立中学占有优势。道理很简单，因为财大气粗，出得起高薪，贵族私立学校集中了顶尖的师资力量，有人说美国最好的教育资源都集中在私立学校。

可以这么说，美国的私立教育引领着世界基础教育和高等教育的潮流，为美国和世界培养了大量的杰出人才。美国的私立学校正指引着21世纪教育改进的道路。

当然，美国私立学校的学费高是出了名的，私立学校有不同定位，个别高端私立小学每年收费2.5万美元以上，还有一些年收费3万美元的，这些大都是所谓的贵族学校。这些学校历史悠久，管理极为严格。没有一定的财富，只能被拒在大门之外。

时间过得很快，王教授一家要走了，我们把他送出门去。

我感觉这次家庭聚会非常成功，我知道了很多以前所不知道的事。尤其是美国注重教育的家长，舍得花巨资让孩子接受最好的教育，给我很深的触动，看来我以前对美国家长的看法并不全面。

送走王教授后，我又和夏老师谈了很长时间。因为我对美国的私立教育非常关注，虽然初到美国，还没有足够的经济实力把孩子送到美国的私立学校，但我对培养出这么多优秀人才的美国私立学校的教育方法和教育理念非常感兴趣。夏老师对美国教育是个万事通，多听听他的话，能很好地开阔我的眼界。

夏老师告诉我，其实王教授的几个孩子都进了美国常青藤名校，不仅仅是因为孩子接受了最好的教育，也和王教授所处的学术地位，还有孩子在学校所积累的人脉资源有很大的关系。因为美国是一个非常注重人脉的国家，学生上大学、找工作，学校和单位除了看你个人的实力以外，推荐人给你写的推荐信也是非常重要的一项。在同样的条件下，有权威的推荐人所写的推荐信，可以起到决定的作用。而王老师本身就是名校的教授，所以能很轻易地为孩子找到合适的推荐人。

美国的区域分化非常严重。如果学生的家庭出身很有钱，他就会从小上私校，一年2万到4万学费；大学上好的私校，一年4万到5万。他的同学也是同一阶层，即使中小学去的是公立学校，因为是按住房分学区的，好学区房都很贵，所以能去富区富学校的家庭也是一个阶层的。

教学质量高的私立学校集中了富有家庭的子弟，在这里可以享受到一流教师的教学。周围的同学都是来自相似背景的家庭，学校的学习气氛相对浓厚，一些寄宿制学校位于远离城市的农庄，与外界隔绝。校内自成体系，他们从小就形成一个圈子，就像大学中的耶鲁、哈佛的圈子一样。当然这里的教师也都毕业于名牌学校，赚很高的年薪，和公立学校比完全是两个世界。这里的教师为学生写的推荐信非常有分量，所以学生进入名校的机会非常大。所以，在美国上私校，更多时候并不是为知识，而是为了校友人脉。花大笔美金去积攒所谓人脉，会对以后的事业打下基础。孩子在私立学校接受教育，升入名校的几率非常大，而且孩子的人脉关系也会被培养起来。

同时，美国的教育与个人的财富直接联姻。一些顶尖的大学，学生大部分出身于中高产阶层或最富裕的1/4人口。在早年的时候，王老师曾在美国名校做了一年的助教，这两个学期，他一共教了大约有几十名耶鲁的学生。他吃惊地发现在这些学生里面，没有一个家庭不是中产以上，大概一半学生家里都是有游艇、有庄园的。他也请他上过名校的同学分析在大学认识的所有同学的家庭状况怎样，结果他的同学也发现在他所想起来的大概100个同学当中，似乎只有一个同学是家庭经济不好拿助学金的。

夏老师告诉我，美国教育学家认为，单一性别的学校更能够使学生集中精力专注于学习和所做的事情上，学生之间的关系更单纯，氛围比较好。因为他们认为在美国的中学，学生之间的矛盾大多来源于互相嫉妒，而嫉妒根源来源于对异性的关注和被异性所关注。所以在欧洲和美国的历史上真正的贵族学校都是一些单一性别学校，它们起源于天主教的理念，经过上百年的发展和历练，现在的男校、女校都成了美国的精英学校。在美国只要是单一性别学校都是教会背景学校，而且以天主教为主，学校都具有百年的历史。

全美最好的女子学校在康州，叫Westover School。Westover School这所美国著名的女子学校，无论在学术上，还是体育竞技比赛上，都居于美国顶尖学校之列。相对于混校来说，它们更注重对女性领导力以及未来作为女性精英的素质培养，在这点上是混校无法比拟的。因为混校不可能单独为女生开设这样的课程，此外一些女性敏感的自我保护话题，在女子学校里很受关注。但并不代表女校的学生自闭，在女校由于性别单纯，使得女生们更加放得开，她们玩起来比任何混校的学生都更疯狂，而且，同学之间的关系很友好。女校的活动也很多，包括每周与附近的男校组织各类舞会和社交活动，都会让女生们有机会学习如何与男性进行社交活动。这类学校的教学宗旨是培养出女性精英。

而美国那些出身于贫穷的家庭、住在不好的区里的学生，可以想象其教育环境是非常差的。首先是学校很差。其次也是更重要的原因——同辈压力。同辈中的大部分都不愿读书，大部分也不会试图脱离这个环境，因为他们看不到好的例子，更不相信自己有不同的可能。最后是自己的父母对自己也没有抱有什么期待，只要快乐就好。

他们在一般的公立学校中学毕业后，走入各类的技术专科学校，成为社会上将来的蓝领阶层。他们对自己的要求不高，所以在学习上并不需要投入过多的时间和精力，只是拿到毕业证就可以。他们在学校就开始放羊，他们把时间用在除学习之外的其他地方，比如说体育锻炼，用大量的时间去玩，也许在将来所从事的行业方面，他们会有很多发明和创造。

对于自认为平等的美国教育，同样存在着财富和教育成正比的现象，富有阶层的子弟永远会享有更好的教育资源。

第五章　中国孩子接受美国教育的另外一面

第一节　从中国妈妈在美国受到的歧视，看美国的不平等

在美国，公认的一个事实是，华人重视教育是出了名的，华裔家庭的孩子学习刻苦是出了名的，因为家长督促很严。走在美国名校里，不乏华裔的面孔。很多中国人到美国后留在美国，其实并不完全是为了实现自己的梦想，而是为了自己的后代能够接受世界上最好的教育。

数据显示，华裔学生的父母文化程度较高，家教较好，这在一定程度上增强了亚裔学生的能力。54%亚裔学生的父母至少有学士学位，在各个族裔中比例最高，其中有硕士学位的占14%，而高中以下文化程度的只占13%。

第二代华裔移民很少有不上大学的，而且更多的家长希望孩子能够读名校。华人子女接受教育的比例高，因此在收入上也高于美国其他一些族裔，这就是接受高等教育带给人们最直接的经济成果。

华裔学生最用功，亚裔高中生平均每周有十个小时花在做家庭作业上，而其他族裔学生每周做家庭作业平均在七小时左右，2/3以上亚裔学生每周有五天以上做家庭作业。这一切和母亲的教育有很大的关系，母亲为孩子付出了很多。

相比美国家长的放任自流，华人父母对孩子管教严格是一种尽职的表现。但一些美国家长却认为，华人家长的教育也存在问题，很多父母喜欢攀比。别人的孩子上耶鲁，自己的孩子就必须上哈佛，否则就感觉脸上无光，这给孩子带来很大压力。

一些美国妈妈认为，中国的妈妈们总是管得很多，经常干涉孩子的生活，比如她们会对你交的男、女朋友评头论足、说三道四，有的妈妈甚至不许孩子在上高中或大学期间恋爱。这在美国学生看来简直难以置信，因为在美国很多孩子不但谈了，而且有些都开花结果，做了父母了。为了让这些未婚妈妈安心接受教育，很多中学还有育婴室。

在对待子女学习上，中国妈妈的严格要求也让一些美国学生感到过于苛刻。我在儿子学校认识了一个17岁的高中学生，在他上小学一年级时就随父母来到美国，一直在美国的学校接受教育。

他告诉我，学习刻苦的他平时几乎门门成绩都是A。但有一次期末考试很难，他得了个B+，于是很沮丧。但那些分数更低的美国同学却一点也不难过，在他们看来，能及格就万幸了。一些美国同学同情地对他说："唉，这样的分数还差？只怪你有个中国妈妈。"

美国妈妈似乎认为自己的孩子是最好的，对孩子只能去夸奖，但对孩子身上的缺点却视而不见。孩子的健康成长，身体永远都是第一位的，至于孩子其他的方面，包括学习，好像只不过是人生的一部分，而且是人生之中的一个不是很重要的一部分。

美国妈妈更多时候和孩子是朋友的关系，尊重孩子的意向。在美国找工作并不是很难，孩子的生活以及伴侣的选择是个人的事，父母并不操心。孩子结婚，房子问题自己解决，和中国父母为孩子准备婚房完全不同，美国父母把孩子养到成人，就算完成任务。

中国妈妈可以直言不讳地对孩子说，胖子，你该减肥了。也会经常说你的学习最近抓得不紧，要是再不努力，你会不及格。要是孩子拿回不理想的成绩，中国妈妈直接会说，哎，怎么这么差。虽然孩子的心里不舒适，但有助于改正错误。

面对这类话题时，西方的母亲们肯定不会这么说，她们会非常委婉地用其他的方式说出来。有时候实在是太委婉了，起不到提醒的作用。其结果是她们的孩子可能沉浸在暴饮暴食中无法自拔，最终陷入严重的健康危机。也有可能成绩依旧没有起色，甚至下一次的成绩会更差。

中国妈妈和美国妈妈对孩子的期待和想法是完全不同的，中国的父亲包括亚洲的男人，生来具有一种大男子主义，对家庭具有一种责任感，他们努力挣钱养家。所以中国妈妈有更多的时间、精力和金钱去关注孩子，是孩子的主宰。幸福家庭的孩子，在妈妈无微不至的关心下健康地成长着。父母愿意在孩子的教育上，花费大量的时间和金钱。

美国的单亲家庭多，重组家庭也不在少数，人们最关心的似乎是个人的幸福。对孩子的要求就是开心和快乐，至于更多的就不再关注。一些美国男人的感情不专一，对家庭的责任心不强，所以美国妈妈不容易，肩挑着生活的重担，她们要去应付来自生活上的压力，还要照顾孩子，活得并不轻松。美国的孩子在这样的环境之下，独立地成长着，个性慢慢地发挥出来。

在美国生活一段时间，我发现中美之间在社会传统、个人思维、生活习俗、母亲对孩子所受教育程度的期待上，都存在着巨大的不同。

美国目前是一个非常注重个人享乐的国度，人们没有忧患意识。从美国人对金钱所抱的今朝有酒今朝醉的生活态度上，完全可以理解他们对孩子的教育方式，只是注重眼前，而不管过多。

正是由于中国和美国之间存在很多不同，美国的一些人理解不了，看不惯中国妈妈的付出，中国妈妈在美国有些地方成了贬义词。原因是，中国妈妈喜欢拿小孩炫耀，如孩子的成绩如何、孩子又获了什么大奖等等，常常会使美国家长特别反感。

对于美国家长的态度，有些人建议整个中国教育界反思。他们的理由是，美国妈妈看重的是孩子是否快乐、是否心智健全、是否个性独立；而中国妈妈看重的则是孩子的分数，这成了不少年轻父母为孩子制造的新囚笼，成了孩子成长道路上的不堪承受之重。他们认为中国妈妈应该向美国妈妈全方位地学习。

我认为，这又是一个“新友邦惊诧论”，有人过分在乎美国人的看法，以他们的看法作为标杆，非常有片面性。我认为，中国妈妈教育孩子，是不需要看美国人的脸色的。友邦人士一惊诧，我们便自怨自艾，赶忙自我检讨，直到洋人表示满意，这完全没有必要。

父母对孩子人生观、价值观的引导非常重要，孩子毕竟是孩子，在美国这样一个过分自由的国家，会受到很多不好的诱惑，很容易误入歧途。没有妈妈们的督促、引导，他会迷航的。重视教育是中华民族的传统美德，孟母三迁的故事就说明了母亲的教育对孩子成长的重要性。

“中国妈妈”这个称呼，在美国受到歧视，有着深层次的文化原因。在美国人心中的种族歧视，并不像某些心底单纯的中国人所期待的那样消亡了。相反，种族歧视就像幽灵一样，在某些人的心中飘荡着。“中国妈妈”这个词语所含有的贬义意思，反映出一些人心中的歧视虽然在表面上消失了，但在人们内心深处却还很有市场。

美国自我标榜是一个平等自由的国家，在纽约州，有各种法律保护着少数民族，包括亚裔。对于新来到者，总是被美国人客气的表象所蒙蔽，以为美国真的有那么好。可是，在美国工作了一段时间，你会感觉到，虽然到了美国，但对异族人，慢慢地会有来自各个方面的压力。人类社会是个排外的社会，有色人种在各种环境之下，会遇见各种不同的歧视。

众所周知，奥巴马上任的时候，有那么多的黑人兄弟姐妹，为他做美国第一个黑人总统而哭得一塌糊涂。而白人就没有这么激烈的反应，倒是有不少人在叹气，白宫被这个黑人给染黑了，这说明了一切不像传说中的那么好。

对此，夏老师深有体会，在升学和职业的选择中，亚裔面临更多的限制。要不是他的资质、勤奋，加上机遇，在美国很难有今天的成就。和他同时来到美国的一些朋友，至今生活仍旧非常动荡。

关于美国校园暴力的报道一直不绝于耳，白种人之间的暴力尚且经常发生，至于从异邦转学前来的孩子，在学校遭遇到各种不公正的待遇，更是不可避免的。

孩子的穿戴、孩子的发音、孩子的服饰、孩子的家庭，包括孩子的母亲，都会成为孩子被嘲笑的因素。有本小说叫《不会游泳的鱼》，作者以小说的形式，完整叙述了中国孩子在美国的心理和文化困惑。还有华人作家写的《挫指柔》，也对纽约高中里华人子弟被白人孩子围困时的窘境有所披露。

所以，中国妈妈在美国的一些学校受到歧视，有着深层次的文化原因。这和美国人对华人的歧视、对外族文明的排斥密切相关，同时也和中美之间的国情有关。

美国父母并不知道，中国父母所面对的生存压力、所面对的竞争远远超过他们，中国的社会福利保障体系远远不够。所以，孩子现在的成绩好，就意味着将来他们会找到合适工作的机会，就会有更好的生活空间和生存环境。中国妈妈远远比美国妈妈付出的多，所以对孩子的期待自然也不低。

所以中美之间的家庭教育方式有很多不同，一些美国人并不理解，也并不认同中国妈妈的教育方式。他们中的一些人对不同的教育方式抱有排斥的态度。

号称拥有世界上最先进教育的美国，存在着不少问题，学生饮酒率、吸烟率和吸毒率相当高，15—19岁的女学生怀孕率是43%。

美国高中生的早孕，未婚妈妈和爸爸，在中国也是一件骇人听闻的事，性质比中国妈妈的关心严重多了。即使是骨子里对美国文化崇拜的人，也没有一个期待自己未成年的孩子未婚先孕，带一个私生子回家。

但是，美国的妈妈遇见同样的事，却见怪不怪地帮助孩子抚养第三代。在美国的中学里，有育婴室的存在，但在中国的中学，这可是一件无法想象的事。

不知道那些全盘西化的人，在全盘引进美国教育的同时，是否也打算把美国中学的育婴室引进到中国。并且告诉我们的孩子，在中学里放心地谈恋爱、生孩子，享受人生，并在全国的中学里大力推广育婴室？我想这种现象是不会发生的。

母爱是世间最圣洁的感情。全世界的母亲都深深地爱着自己的子女，为了子女的成长，她们倾其所有。子女的每一步成长，一点一滴的进步，都浸透了母亲的汗水和心血。中国的母亲温柔贤惠、吃苦耐劳、任劳任怨，有为了家庭和孩子可以牺牲一切的高贵品德。由于东西方文化差异，人们对母爱确有不同理解。即使一些美国人对中国妈妈的教育方式不赞同，也可以理解。

父母是我们的至亲至爱，在家长中，母亲对孩子的影响更大，有句名言就说："推动摇篮的手推动世界"，因为童年影响一生。中国妈妈在保持自己优点的同时，当然可以学习一下美国家长教育孩子的精髓，在严加管教的同时，也做一些适当的放手。中国妈妈可以给孩子更加自由的发展空间，使孩子有自我发挥的余地，让孩子健康自由地成长，给孩子留出一些时间和空间，让他们能充分发挥自己的个性。

当然也有很多美国妈妈赞同中国妈妈的教子方法。她们认为，如果家长的目标是让孩子成为表现优秀、做事效率高的成功人士，那么中国的母亲们无疑比多数美国妈妈更胜一筹。中国家长的严苛和强烈的竞争意识，与美国家长的溺爱与温和形成鲜明对比。如果美国妈妈们继续纵容懒惰、毫无自律，却总是期待被赞誉的下一代，不难想象终有一天美国要在世界的竞赛中被中国击败。

第二节　中美之间对孩子体罚看法的不同

我们把孩子送到美国的学校以后，夏老师好心地给我们讲了很多事情。主要的意思是说，这是美国，要是管教孩子方法不对，就会有麻烦出现。这些故事大同小异，无非就是在美国管教孩子，如果方式不对，后果很严重。

纽约市皇后区一位华裔妇女因为8岁的儿子没有做作业，用扫把打他，孩子身上留下了伤痕。第二天，学校老师向纽约市儿童服务管理局举报了这个情况，当天晚上，警察来到她家，把她的三个孩子一起带走，送交儿童收养机构。这位可怜的华裔母亲不仅要忍受和孩子分离的痛苦，还要花钱请律师帮助她到法庭上索回孩子的抚养权。

一个到美国做访问学者的华裔，由于孩子不听话，教训了一顿，结果邻居报了警，警察把孩子带走了。他因此惹上大麻烦，孩子被儿童福利机构收养。不只是华裔，很多美国人也因为使用体罚管教孩子而招致官司。

一位美国本土的妇女被指控虐待孩子，因为她为了管教淘气的孩子，用柳条打了他的后背，后来她被送上法庭。她申辩说：“我在另外一个州住的时候，体罚孩子是没有问题的。”但是法官告诉她：“在你原来的那个州也许可以这么做，但我所在的这个州的规矩是父母不能用任何东西打孩子。父母用手打孩子也许说得过去，但用柳条打孩子是不允许的。”

这位妇女对法庭的判决感到困惑不解，因为这里的法律根本没有这样的规定。这个案子说明，由于人们对体罚孩子的认识不同，不同的法官可能会做出不同的判决。需要指出的是，由于媒体报道和宣传强调儿童的权利，使很多父母在管教儿女方面有时手足无措。

父母可以对孩子施以多大程度的体罚，也是随着时间的推移而变化的，过去被认为合理的做法，现在却有可能被视为虐待儿童。

目前美国各州都有一套自己的儿童福利体系，对儿童受到虐待和忽略的举报进行调查，为有问题的家庭提供服务，并为从亲生父母身边带走的孩子提供抚养家庭。州青少年法庭要对有关案子进行裁决，以确定是允许州政府把孩子从亲生父母身边带走，还是允许孩子继续留在父母身边，或是终止父母抚养孩子的权利，由他人收养。

美国的学校也会对孩子的不良行为进行惩罚。他们的惩罚方式是：让犯了错误的孩子一个人到某个角落单独待上几分钟。当孩子意识到他所犯的错误带给了自己麻烦之后，老师就会抓住时机对孩子进行教育，让孩子明白自己究竟错在哪里。如果孩子过分顽劣，幼儿园或学校则会同家长联系，让家长一起来参与改造孩子。严重的甚至会请家长把孩子领回家教育好了再送回幼儿园或者学校，当然家长的教育一般不能采用体罚。

美国法律没有明文规定不许打孩子，但事实上，法律是由对虐待儿童的举报进行调查的社会工作者或法庭来解释的。因此，出于安全起见，父母应该努力寻找其他途径，而不是用打孩子来管教他们，这样可以避免很多麻烦。父母在任何情况下都不能使用橡皮带、鞋子或棍子这样的东西打孩子，把孩子打得伤痕累累。如果出现这种情况，父母几乎毫无例外地会被指为虐待儿童。另外，用手打孩子是否违法，也会有各种解释。父母如果不希望找政府和法律上的麻烦，最好不要这么做。

由此看出，虽然美国联邦和各州都有保护儿童免受虐待的法律，但是对父母可以施以多大程度的体罚来管教孩子，并没有统一的联邦法律，有关法律往往由各州自己来定，而各州的法律规定却不尽相同。另外，由于法官的观念和认识不同，他们对法律的解释也可能不同，因此他们在究竟什么程度的体罚是恰当的、什么程度的体罚构成虐待儿童的问题上，可能做出不同的判决。

这些事情和中国教育孩子的方式有相当多的不同。很多中国人认为，打是疼骂是爱，打骂得越狠，说明爱得越深，因此多采取这种方式管教行为出轨的孩子。但在美国，打骂孩子则可能导致法律上的后果。

开始的时候，我感到文化休克，中国有句俗话：棍棒底下出孝子。中国人相信，孩子如果调皮捣蛋、行为叛逆，家长可以对他们施以包括体罚在内的家法。大家都认为，孩子不打不成才，要让孩子有出息，就必须严格管教。

因为孩子一般都不听话，尤其是男孩子，到了逆反的时候，个性非常强，顶撞父母的事时常发生。作为家长并不是在任何时候都可以做到心平气和，难免被孩子刺激得火冒三丈，这个时候，总是会采取一些措施，尤其是采用最原始的措施——体罚。

因为很多人从小是这样被父母管教的，因此很自然地以这种方式教育孩子，并不觉得这样做有什么不妥。中国孩子的家长谈论的并不是能不能打孩子，谈论更多的是如何科学地打孩子。

怎么打孩子是一件非常有学问的事，在国内时，我和几个不同年龄阶段学生的家长谈论过这个问题。女孩子的家长还好一些，男孩子的家长对打孩子有自己的一套经验和理论，大家总结如下：

打孩子的时候一定要控制好情绪，保持理智的状态，要是太生气的话，在激动的时候，很难把握住打孩子的程度，所以必须努力克制。体罚是有一定限度的，如何体罚孩子是一件非常有策略的事。很多家长在暴怒的时候，拳打脚踢，一顿胖揍，这样会把孩子给彻底制服，但难免会把孩子打得太凶狠，生病了，事后心疼花钱都是自己的。

关于使用物品的安全问题，处罚物品的材质避免过于坚硬，铁质的东西千万不要用，危险性太大。采用木制品比较好，比如说棍子，棍子不能太粗，要是太粗会把孩子打坏；棍子也不能太细，太细打不疼孩子，起不到惩罚的作用。

当然很多时候拿起棍子，使劲吓唬孩子，手里的棍子却未必落下来，起到威慑的作用，让孩子明白他所犯的错误到底有多严重就可以了。大部分的时间应该以批评为主，或者是采用哄骗的办法。

还有一个是避免伤到孩子的自尊心，重要的原则是，处罚的地点应选择不正对大门的地方，在屋子里的一个外人听不到的地方。

惩罚的时候，一定要注意措词和语气，别对孩子说威胁恐吓的话语，处罚内容需彻底执行，不宽容、妥协。

最近广泛流传的虎妈教育方法，虽然在美国引起不小的争议，但在中国，很多家长还是理解的。孩子毕竟是孩子，少年的时候，不刻苦、不努力，将来难成大器，要不是虎妈的坚持和严酷，她的孩子也不会有成就。

夏老师给我讲过他在美国教子的故事，早年的时候，夏老师为了拿到博士学位，拼命读书，大量的时间泡在实验室里。每晚经常是十点半以后才回家。由于管理孩子的时间少，孩子成绩很差，不爱学习，不求上进，这让夏老师非常着急以至于气愤。他于是举起拳头，挥向孩子，一顿狠揍。有的时候，夏老师在夜里把孩子从被窝里拖起来，强迫他复习功课。从那以后，孩子的学习慢慢有了起色。他知道孩子还是很有潜力，所以，一看孩子不努力，就拳脚伺候。在孩子选择学校的关键时刻，他的夫人更是辞去工作，全心全意辅导他的功课，最后，儿子终于如愿以偿考入了理想的名校。

想起这件事，夏老师很有感慨，对执迷不悟的孩子，确实需要一些强制手段。家长至少要帮助孩子养成良好的学习习惯之后，才可放手。假如家长掉以轻心，用无足轻重的心态教子养女，成绩差的孩子就像落伍的野马，不仅很难超越自己，根本谈不上奋起直追了。

当然，新的问题又出现了，夏老师的孩子上了名校以后，发现很多同学的家长非常有背景，有着很优越的家世和显赫的背景，而自己的家长却只是一个普通人，心里非常不平衡。好在那个时候，他已经长大了，懂得父亲为自己的付出。虽然心里很自卑，但也没有告诉家里，也没有走邪路，只是封闭自己，一心学习，毕业后找到了不错的工作，给了父亲一个满意的交代。

儿子很多时候管不住自己，有些像脱缰的小野马，不愿意学习，我教育他的时候，经常看见他眼睛里冒出的那种不满的火苗。有的时候，这种火苗刺得我的心都疼，那是不满和反抗，是不是我对孩子太残忍，给孩子的童年太多的压力了？很多时候我在反思自己的行为。

我感到对儿子似乎有些太残酷，俗话说，打一巴掌，再给个蜜枣吃。处罚后，看见儿子委屈受伤的样子，忍不住去安抚他。

我让孩子明白家长也是不得已而为之，有了这次武力教训，你必须改正错误。有的家长告诉我说，敲打、检查、假期的督促对孩子一样都不能少，当然下手要注意安全。

这时候，我确实羡慕美国宽松的教育，也羡慕美国人的生存环境。他们的国民富裕，生存没有大的压力，所以家长可以给孩子的成长有很多的选择。即使孩子的成绩非常一般，家长也不用担心，他们可以更多地关心孩子全方面的发展。

很多美国家长根本就没有想过孩子一定要上大学。孩子学习好在美国并不是什么优点，也不是一件值得夸耀的事。学习好算什么？体育好才是真的好。在美国，大学教授只不过是一个普通的职业，并不像在中国那样享有这么高的社会地位。美国人放心地让孩子们去玩，因为他们认为顺应孩子的天性发展才是最重要的。这样的教育理念倒是适应他们的国情。

第三节 华裔后代无根的尴尬

虽然我不断地给孩子灌输爱国的思想，可是孩子渐渐地对美国文化产生了浓厚的兴趣，对我所灌输的思想只是在应付。这些给了我一个不好的信号，我感觉单单依靠家庭的教育，是无法抵挡学校教育和他周围社交圈子的影响。长此以往，在美国长大，全盘接受美国教育的儿子，很可能就变成了一个真正的美国孩子。他会越来越远离我的设想，变成一个名副其实的香蕉人，与我心里的距离相差万里。最后，我们将会生活在不同的世界里。

美国的教育是相对优点多一些，但在美国的中国人在子女教育方面，面临着许多当地人没有的困难。美国华裔家长在一个和自己成长时迥然不同的文化环境中抚养后代，面对的情况远比在单一文化环境中复杂得多，教育过程中存在很多问题。

首先，是家庭文化背景和社会文化的冲突。其实，这些华裔的孩子也很可怜，是找不到根的一群人，在孩子未成年的过程中会对自己的认识不明确。他们生活在一个与父母当年完全不同的崭新环境，他们经常产生疑问，为何自己的头发不是金黄的，眼睛不是灰色的，对自己的身份认同，产生了疑问。

学校西式教育的熏陶，同学们的潜移默化，使他们从语言到行为、习惯都在全盘西化。而一旦回到家庭，他们又难免接触到有所不同或完全不同的语言、理念和行为。平日里越是单单以英语交谈的孩子，就越容易因为身份认同与文化差异问题，出现心理及行为上的偏差，或是厌恶自己的肤色、发色，不承认自己是华人，或是觉得父母英文不好很丢脸，等等。尤其在青少年时期，会出现比较强烈的叛逆。

夏老师对此深有体会，他告诉我，华裔儿童是一个很特殊的群体。尽管他们拥有黄皮肤、黑眼睛，但是因为远离祖国，在完全不同的文化背景下经历成长，久而久之对祖国的文化、历史、社会现状自然会缺少了解，感到陌生。

夏老师的两个孩子根本不说汉语，只认识很少的汉字，更不要说去写汉字了，对汉语几乎就是个文盲。开始的时候他总是对他的孩子夸夸其谈，时间长了，他也向我们透露很多关于孩子在异国教育的苦水。

夏老师当年为了孩子做了很多很多，他是一个非常爱国的人。虽然现在是美国公民，但他说只是为了生活上的需要，他的心永远是中国心。他在美国的家里悬挂着中国地图，过节大红灯笼高高挂在屋里。此外，从他给孩子起的小名就可以看出来，他到底有多爱国：长江、长城、黄河……如果再有多一点的孩子，肯定就会叫黄山、泰山……

为了孩子不忘根，他为孩子做了很多工作，耗费了大量的时间和精力：上中文学校，学习汉字，每次回国都带着孩子，争取让孩子交往国内的小朋友。但是后来，他无可奈何地发现，这些似乎都是徒劳的。文化是一种海洋，孩子淹没在了美国文化的大海里，从根上变得不是他所期待的那类人。孩子变成了当地人，他们除了基因是中国人以外，其余的全都是美国的……

但是美国人却认为他们是中国人，因为他们的黄皮肤和黑头发。

夏老师属于在美国发展比较好的华裔科学家，拿到美国的博士学位，当上了重点大学的终身教授，这样的身份回国，也属于衣锦还乡了。所以只要一放假，夏老师两口子就想带着孩子回国。开始的时候，他们回国的队伍是比较庞大的，全家浩浩荡荡地一起回国，开开心心地在国内待上一段时间，很多旧相识、老朋友很羡慕他的生活。

但是后来他们却发现，孩子越大，回国就越被动。因为他们从小是在美国长大的，朋友和同学都在美国，所喜欢的饮食、喜欢玩的游戏和运动也是美国化的。

回到了中国，他们没有熟悉的朋友，也没有熟悉的文化氛围，国内没有任何让他们牵挂的东西。在国内除了开始一段时间新鲜外，这股劲头过去后，就归心似箭。

后来孩子们就对父母的回国抱着消极的态度，慢慢地，孩子长大了，回国的只剩下夏老师老两口了。孩子们都有很多不回国的借口，随便一找就很多理由：有暑假学校、有功课、要做义务工作……每一个理由，夏老师都无法拒绝。

夏老师以前庞大的回国团队到后来只剩下了两个人。两口子回国后，在亲戚面前很没有面子。由于牵挂在美国的孩子，他们在国内待得也不踏实。

我见过他的几个孩子，从外貌上看，就是夏老师的一个翻版，和夏老师从一个模子出来的。他们要是走在中国的某条大街上，很快就会消失在人群之中，不会引起任何人的关注。

但是一开口说话就完全不一样了，我要是用汉语和他们说话，他们的反应相当迟钝，好像很困难。因为要在大脑里去还原成英语，再想想如何回答。最后我干脆就用英语和他们说话，这样大家都省心。

在语言的沟通上都这样麻烦，经过交谈，我发现他们的思想根本和我们是两个世界，完全和我当地的美国学生一样。

也难怪，人家就是在这样的环境下成长的，思想完全被染成了美国的颜色。最后，夏老师的女儿和一个本土的美国帅哥结婚了，生活很幸福，彻底地完成了民族的大融合。夏老师再也不忍心让孩子陪他一起回国了，因为孩子的根和心都在美国了。

这样的事情很普遍，很多华裔后代在青春期，子女根本不和父母说话。他们自认为是美国人，但美国人认为他们是中国人。他们为不能生着一张白人脸而恨父母，嫌弃父母穷酸、不入流，不是纯正的美国人。他们中的有些人在成长的过程中会挣扎于对身份的迷惑，在精神上很痛苦，两国人都不认他们。

当然他们的父母也有尴尬，父母希望能够早日入乡随俗，对子女的教育也就格外用心。但是，曾经生活的环境和所受的教育，在他们身上打下了深刻的烙印。尽管他们也曾经努力寻求适应美国的儿童教育理念和方法，但却很难如愿。

其次，华人的子女一般是在学业上比较优秀，但社交、组织和领导能力比较差。这和他们小时候的成长过程所受到的各种文化冲突有很大的关系。

这点我深有体会，我认识很多华裔的后代，包括夏老师的几个孩子。他们有一个共同的特点，学习成绩不错，申请的学校都不错，但有一点就是大部分都沉默寡言。

夏老师的孩子尤其明显，只要你不和他说话，他绝对不会开口，好像有什么大事在不断地思考。去他们家做客，他也会把自己关在一个小屋子里，好像外面世界的热闹，与他无关。

这和我周围的美国学生相差甚远，美国学生天生是自来熟，认识不认识，只要见面就有很多话要说。

在国内总是听说美国的学生开朗自信，来到美国教学后，发现确实如此。但这个并不代表华裔的后代在美国接受同样的教育，他们长大了也同样开朗和自信，很多华裔学生反而变得更不喜欢说话了。

同样是水果，橘生于淮南则为橘，生于淮北则为枳，叶徒相似，其实味不同。所以然者何？水土异也。

这句话直译的意思是：“橘树生长在淮河以南就是橘树（好吃），生长在淮河以北就变成枳树（难吃），只是叶子相似，它们的果实味道不一样。”

它的寓意说明同样一件事物，由于环境的不同，其结果可能有很大的差异，对不同的事物要因地制宜，不能盲目照搬复制。同时，也说明环境对人的影响很大。我们的老祖宗对这种现象早就说得入木三分了。

华裔后代接受美国的教育有着更多的困惑，在成长中面对着许多我们所容易忽视的问题。没有亲身经历的家长，无法体会出其中的艰辛，要是想让孩子接受美国的教育，这些问题都需要考虑，这些事情都需要面对。

最后，美国的中小学基础教育有些问题。先不说他们的教学内容，也不说他们过多的假期，只说学生们在学校里的表现，就会让华裔的家长头疼。

美国中学生社会问题相当严重，学生中的不良行为有：饮酒、吸烟和吸毒、怀孕、打架斗殴、结帮拉派、校园暴力。国内当新闻的事在美国根本没人当回事，因为这些事在美国早就司空见惯了。黑人之间的冲突一直不少，华裔学生遭受校园暴力的消息最近也不少见。美国中学里吸毒也很严重。

我记得有一篇报道，美国的中学生里有30％吸过大麻。平均第一次有过性生活的年龄在15—16岁。这些事情在学生中是司空见惯的。

许多华裔选择让孩子在国内接受基础教育，上了高中或者该考大学了，才让孩子到美国来接受高等教育。这些华裔让孩子回国接受教育并不完全是因为美国学校里的知识太浅，而是美国校园文化中，有太多和我们传统相左的东西。

第一，在公立学校中，美国文化中反智主义太严重，最明显的是在中小学。大家最想当的是酷小孩，学习成绩一般即可，有自己独特的思想和个性。青少年普遍更崇尚体育，而认为学习好是很傻的举动。

酷小孩是不爱学习的，如果你爱学习，大家都认为你是书呆子，嘲笑你、孤立你。如果你喜欢学习，但成长环境却不好，要承受很多同辈的不认同，这样孩子会有很多困惑。处于这样的环境，即使家教再好，孩子也会反抗。

第二，在美国从小就接触大量毒品和性。美国人受过良好教育的基督教徒的情况好一些，但一般的市民，对性的态度远远比我们的文化传统开放。

孩子在这种文化氛围中长大，他们的父母都这么开放，对他们的影响很深，所以华裔的孩子要从小就开始抵制这些。

在美国的高中里，单身妈妈并不是什么新闻，她们没有心理负担。要是在中国，这是不可思议的大事，周围的言论和父母的冷眼，会对她们今后的人生留下很深的阴影。

在成长过程中，会不断有同辈的压力诱惑你去尝试。孩子大量的时间都在学校里，周围交往的都是这样的孩子，这对于孩子的教育是很大的干扰。

第三，男女不平等。这点中美都有，美国文化从小就宣传女生要性感、风骚，这对女孩子在美国成长的社会氛围不利。而中国学校，尤其是重点学校的女孩子，非常清纯，富有朝气。

美国的妇女过得并不比中国妇女强多少，单身妈妈似乎更多。但美国法律对妇女儿童的保护比我们国内好。她们最基本的生活可以保障，可以申请不错的救济，生活不会过分担心。

第四节　在美国，我丢掉了事业，也丢掉了心中的孩子

在美国待了一段时间，我慢慢适应了美国的生活，也了解了美国的教育体系；发现了美国教育体系的优点，同时也感到了美国教育体系中许多不尽如人意之处。美国小学的学习宽松，学校并不仅仅只是学习，把更多的精力用在培养孩子其他的方面，教育理念和中国完全不同。

虽然很多华人的家长对美国的教育赞不绝口，但在美国教育界工作了一段时间，我却认为其实中国的教育也不是一无可取之处。对孩子紧一些并不全是缺点，要是由着孩子的性格来，他们会直接把书扔到看不见的地方去。在美国，孩子实在是太自由了，对孩子缺乏必要的管束。

但不可否认，中国的教育也有很多失败之处，在学校，孩子的作业似乎永远也写不完，学习压力实在太大了；在学校，一切都以学习几门主课为第一位，学习是机械、死板的教条，由于作业太多，孩子们只能一遍遍复习课本上的知识，父母更加在乎的是孩子考试的成绩。在机械的学习中，孩子们的创造力就被扼杀了，这是很大的遗憾。

美国的教育和中国有这么多不同，我们是留在美国打拼，让孩子去接受美国式的教育，还是按部就班回到中国让孩子接受中国的教育？

我只有一个孩子，和所有中国独生子女的父母一样，把所有的希望都寄托在了孩子的身上，是输不起的。孩子很小，没有能力为自己的未来去埋单。有什么样的母亲就会有什么样的孩子。母亲的选择决定了孩子的未来。作为家长必须考虑清楚孩子在美国成长好，还是在中国成长好，这是关系到他一生的重大问题，不能掉以轻心。

首先，看孩子所接受的教育情况。我把中国教育的优点和美国教育的优点，全部都罗列在表格上，使劲对比，但总是不能释怀。美国的教育资源的硬件，还有政府的投入，远远超出中国。但是他们教育孩子的理念，又是和他们的社会发展、文化传统密切相关。中美是来自于两个世界的人，就好比饮食一样，完全是不同体系的事，我们骨子里的东西和别人骨子里的东西不一样，无法靠强力的办法去施行。我不敢全部苟同他们的活法。但是，回到国内吗？国内的教育这么艰苦，孩子将要度过的是一种非常艰辛的生活。

其次，是家庭的生活情况。我们一家人在中美之间的生活质量也会影响到孩子的成长。

在中国，老公是重点大学的教授，工作稳定，薪水不错。学校里有着产权归属于自己的公房，医疗有保险，生活稳定，在社会上属于比较受到人们尊敬的阶层。以我的工作经历，在国内找到一份不错的教学工作，也不是一件太难的事。我们的工作可以稳定下来，一家人能够心态比较平和地生活，这样可以拿出更多的时间和精力去培养孩子，可以带着孩子去报各种各样的辅导班，孩子会学习到很多东西。要是在美国，这些项目的花费，是我们所不能够承担的。

在美国，老公的工作并不是终身制的，他的工作存在着变数，必须努力地工作才能保住职位，所以在心理上总是有生存的压力。我的工作也不稳定，存在着许多变数。

同时，我们没有房子，那种感觉就像漂着，所以必须有足够的经济实力去买房子，花钱不会太大方。总之，经济的压力很大，一切都需要重新开始，白手起家，重新去奋斗。在举目无亲的异国他乡打拼，即使那些有本事的人，也常有不安全的感觉。况且我们这些新来者，融入当地社会的过程将会非常艰难，心理压力大，经常处于焦虑之中。

而且家庭的稳定性差，周围的例子很多，目前约九成新的移民短期内无法在当地找到合适的工作，所以移民夫妇的离婚率一直居高不下。父母亚健康的生活状态对孩子来说，无疑是一枚定时炸弹，有可能成为阻碍子女成长的绊脚石。

在中国比美国的心理压力小，生活稳定，所以婚姻也相对稳定，可以给孩子提供好的生活条件。

最后，是生活质量，在这一点上，中国的环境远远比不上美国，美国的自然环境，远远超过中国。在美国到处都是绿树成荫，到处都是自然的，很少人工雕琢的环境。优质的，没有经过人工污染的环境，有利于人的健康。

从人际交往的关系上来看，国内无论在哪个单位，人际关系是一个绕不开的坎，很多时间和精力都用在了人际关系上。在美国，虽然在工作上也存在着人际关系，但所耗费的精力并不像中国那么多。很多时候人际关系的冲突小一点。这点美国绝对优于中国。

在社会交往上，中国人之间非常密切，到处都是人，好脏好乱，好热闹，可是美国却是好山好水，好寂寞。那种寂寞是一种来自于骨子里、来自于灵魂深处的一种超级的寂寞，这点中国绝对优于美国。

我在纸上分析了很多方面，无论是在个人生活事业，还是孩子的教育上，在中国还是在美国，各有利弊。哪里都有可取之处，哪里也都有不尽如人意之处。我们反复衡量这个问题，百思不得其解，心里非常郁闷。难怪美国的一些华人，在美国的时候，想着回中国，可是当他们真正回到中国的时候，又想着美国的种种好处。经常飞来飞去，心情总是安定不下来。在美国的时候，心里全是中国；在中国的时候，心里全是美国。

有些事，很多时候是找不到答案的，无论你多么执着地去想，却百思不得其解。只会越想心里越折磨，越想心里越难受、越纠结。这个时候，只有把问题放在一边，暂时不去碰它。

有的问题的答案是踏破铁鞋无觅处，得来全不费工夫。在一个偶然的时间，我终于找到了关于我的孩子接受美国教育还是中国教育最合适的答案。

在假期里，我们一家开始了早已经计划好的全美国旅行。第一站，我们到纽约，在游览了世界上最有名的那些景点之后，我们把住处安排在纽约唐人街的法拉盛。

纽约的法拉盛到处都是中国人，感觉像回到了国内，在心理上有安全感。这里旅馆的价位合适，到处都是中国饭，饮食比较适合口味。

临走之前，夏老师帮我找了一个纽约当地的司机，建议我们租他的车游览纽约。因为纽约城市这么大，第一次很容易找不到游览的地方。

我们把行李安置到旅馆后，见到了夏老师介绍的出租车司机。他姓徐，徐师傅领着我们到处旅游，我们谈得非常投机。

在纽约市，我们待了三天时间，参观了自由女神像、联合国总部、帝国大厦、世界贸易中心遗址、华尔街、市政府大厦、洛克菲勒中心、时报广场、中央公园、百老汇歌剧院区及博物馆区、第五大道、苏豪区、中国城。

他又领着我们去了一家中国餐厅吃饭，这里的饮食让我想起了家。在这里我们点了几个中国菜，大吃起来，其中有一个戴着眼镜、有些秃顶的服务生，很注意地看着我们的眼色，服务态度非常好。他上菜速度很快，每上一个菜都介绍菜名，端茶倒水跑来跑去，片刻不清闲。

像这样优秀的服务员，真是难得，虽然我的经济不是很好，但临走的时候，我还是给了他十美金的小费。他拿到了钱很高兴，喜笑颜开地把我们送出门去。

晚上，在旅馆里，老公累得浑身都没劲了，一躺下就呼呼地进入了梦乡，床就像有魔法似的，孩子一倒下也睡着了。只有我还精神很好，翻来覆去睡不着觉，感觉不能白来一次，于是就到街上到处游逛。

正在我兴致勃勃走来走去的时候，有人和我打招呼，我一看是徐师傅。他邀请我去喝茶，因为他说他是东道主，应该尽地主之谊。

我看出他不是一个普通的出租车司机，而是一个有故事的人。在纽约的法拉盛，看似一个普通的人，其实身后都有一大堆故事。在法拉盛，有花费几万美金背井离乡的偷渡客，也有国内闻名许久的政治犯，还有各种干过凡人没有干过大事的名人，但在纽约这座国际性的大都市里，他们一个个都深藏不露。不知道这个徐师傅，是个什么样的人?

我们坐在路边的冷饮店里，他讲了自己的故事。这个故事在去美国的中国人当中，是再普通不过的故事了，我几乎听过了无数遍，不幸的故事，虽然各有各的不幸，但都让人感慨。

他曾经是中国一所大学的副教授，在国内和夏老师是同事，他们来美国的起点都是一样的。但来到美国后，机遇不如夏老师好，所以就沦落至此。

当年他作为国家公派的访问学者，来到美国后，就不想再回国了，但一时又没有找到合适的工作。为了生存，只好先在餐厅里打工，想着先有口饭吃，再去寻找合适的机会。他中间为了身份回国待上两年后，又回到了美国。现在他转行，干开出租车的业务了。在餐厅里工作的那个服务生姓刘，和他一样也曾经是个知识分子，在国内的职业是医生，两个人原来是同事，现在是邻居，又是合作伙伴。徐师傅接待旅游的客人，一般拉到刘先生的餐馆里吃饭，当然徐师傅也会有一定的提成。

真是百闻不如一见，在美国、加拿大拥有世界上学历最高的洗碗工、搬运工、卡车司机。国家花这么多钱培养出来的精英们，到了这里给人家做这样的工作，在国内他们都是些不可一世的精英，这些研究生、博士生、企业家、艺术家，对国内的情况横挑鼻子竖挑眼，看不惯学霸，看不惯贪官，看不惯小人，在国内一天也不愿意多待了。最后可算跑出了国门，到了美国，发现在这里只能给人家擦车、做饭，当保姆伺候人，为人家干体力活，否则就会饿肚子，这下好了，无求则无欲，无欲则刚，现在也认命了，心平气和地从事着劳动人民的工作，整天美滋滋的，心态好得很。

“只有国内没有见过大世面的人，才不愿意做这样的工作，这里可是美国，在美国工作是没有高低贵贱之分的。”徐师傅经常这样说。

徐师傅周围所接触和交往的是一群生活在华人区的下层劳动者，有南方的农民、偷渡客，他彻底地接受了群众的再教育。每天除了工作就是工作，国内当年养优处尊的生活，对他来讲，已经是过去了。当年在美国如同洋插队，每天像狗一样生活，挣钱刚够每日的一日三餐，回家后感到非常辛苦。由于生存的压力很大，他没有心思去管孩子的学习，孩子被放羊，和他之间的交往很少。

后来不甘寂寞的老婆离开了他，移民到加拿大，又重新组建了家庭。弄得他身心都受到了不小的打击，一度心灰意冷。不过他发现后来很多移民，口口声声说为了孩子的教育而出国的人，也没有什么好日子过。三天打架，两天离婚，后院总在着火，每天都鸡飞蛋打。自己的日子都昏天暗地的，孩子的教育更不用多说。孩子在这样动乱的环境之下长大，在心灵上自然会有很多创伤。

徐师傅的女儿就是例子，她在单亲动荡的家庭里长大，父母一直在为生活挣扎，只能给她提供温饱的生活，其余的就顾不上了，她的心思一直没有放在学习上。

虽然现在拿到了身份，一家人也稳定了，可是由于孩子没有稳定的童年，成长的几个最为关键的时期被耽误了，性格有很多缺陷，个人的生活很不顺心。徐师傅的朋友，大多数都是这个职业阶层的人，孩子从小就在这种环境中长大，熟悉了这个阶层人的生活，后来选择的职业也是餐饮服务业。数年后，他追悔莫及，深感这样的抉择对孩子来说未必是最优的。

他说要是不出国，最起码在大学里工作，接触的是教育类的人，孩子可以接触一些文化层次更高的人，人生说不定就是另外的一个天地。

听了他的故事，我突然想到了国内家长的情况。记得当孩子还没有上幼儿园的时候，我周围的不少妈妈们已经开始讨论各种早教班、全英班、艺术班、钢琴班，孩子可以接受到非常良好的教育，很多孩子还没有上小学，就开始学习各种各样的特长。到了上小学的时候，很多孩子已经把小学的课程学了不少。

现在国内的教育并不仅仅是孩子之间的竞争，而是家长之间的竞争。只有家长决策正确，有足够的时间，有足够的金钱，并且坚持下来，孩子才会成功。要是选择移民到国外，孩子的结局如何很难预料。

徐师傅在美国生活多年了，非常关注目前国内的移民潮，我和他谈了很多。他对于时下的教育移民热潮并不完全认同。他认为，东西方文化在养育子女方面存在很大差异，现实的情况，对新移民有很多严峻的考验。

新移民融入社会的艰难有可能成为阻碍子女成长的巨石。老移民的二代教育情况有许多问题，新移民的问题会更多。

目前技术移民很多在短期内无法在当地找到合适的工作。徐师傅在美国见到了很多在国内优秀的专业人才，他们大多是毕业于名牌大学的本科生或硕士生，精通英语，有工作经验，年富力强，专业对口。在国内的时候，教育背景良好，工作体面，收入颇丰。有些人是厌倦了国内快节奏的生活方式，想换个环境开始新的发展。更多人是出于对子女教育的考虑而移民，他们对国内横竖看不顺眼，感觉孩子失去了童年的快乐。于是，打着为孩子移民的口号而远走他乡，他们对中国教育体制的信任危机越来越严重，想寻找一种适合于孩子的新的教育体系，给孩子更多的选择，

但实际情况却不乐观。技术移民在美国很难找到合适的位置，下岗失业是家常便饭，很多从事着体力工作。他们把自己的理想全部绞杀，活着所有的希望全部寄托在孩子的身上。虽然这样的生活是自己所选择的，但代价似乎有些大。

有些优秀的孩子，如愿获得了奖学金，进入理想的学校。他的周围同学的父母都是成功人士，自己的父母却是一事无成，他的内心深处会很自卑，看不起家里的寒酸。到了那个时候，做父母的才知道，本来是为了孩子的教育而移民，可是移民后，才发现虽然帮助孩子逃脱了应试教育的命运，也培养出了孩子们的创造性思维，但他们并不成功。在东西文化的交锋中，那些千辛万苦培养出来的孩子，在思想上和父母距离渐行渐远，变成了另外一种人，他们最终丢掉了心目中的孩子。

徐师傅说，不少第一代移民在子女教育上会感到不平衡。他们普遍对子女全心付出，但环境使孩子的思想已经完全西化，缺乏对父母的责任和关爱。很多年后，孩子可能创造性思维更强，但思想上和父母距离很远。

“我就丢掉了事业和家庭，最后也丢掉了最心爱的孩子。一个堂堂

的国内知名的大学教授，最后沦落成为法拉盛的出租车司机和服务生，当然了，工作是没有高低贵贱之分的。”徐师傅自我调侃起来。

这句话，我感觉是为我说的，虽然现在我们一家在美国一切都还算顺利，可是，想要在这里真正地安家，还需要艰苦地奋斗几年，甚至十几年。

其中的艰辛，我深有体会。由于我们是新来者，目前的经济有限，没有足够的钱去买房子。没有房子在美国就没有安全感，就无法很好地生存下去。

我想起了自己，为了增加收入，在教学的同时也在一个美国的公司里兼职，这样收入高了，心里有些安全感。但事物总存在着两个方面，两个工作干得很累，压力大，身体也透支了，很多次我回到家就精疲力竭，浑身上下没有一丝力气。

记得有一次，我回到家，孩子见到我就非常开心地扑在我的怀里。要是在平时，我会很开心地抱起他来，因为好长时间没有见到他了。

可是那天，我精疲力竭，于是我就把他推到了一边。这时候，我看见孩子脸上露出了很受伤的表情，但很快就消失了。他像什么事都没有发生一样，再次扑到我的怀里，我又把他推开了，快步走进屋里，把门插上，直接躺在床上。

实在是太累了，我任凭他在门外不断地砸门，心里多少有些愧疚。很久没有去他的学校做义务教师，也很久没有再去关心他的学习，更是很久没有再去关注他的交往了。

此时想起儿子国内的同学，正坐在教室里，安心地听着老师讲课，每天都在不断的进步。我想要是我们继续在美国待下去，孩子的学习就会和国内同学的差距越来越大。

而我在美国却过得这样辛苦，以至于没有足够的时间和精力去教育他了。美国公立学校所教的知识又这么靠不住，没有家长的督促，他很快就会放羊了。

要是孩子在美国再混下去几年，也许在身体和其他方面会比国内的孩子有进步，可是，在基础知识这一块，就会被国内的孩子越拉越远。

现在孩子小，选择的余地还大。过几年，孩子长大了，那个时候再决定回国，他就会和国内的同龄孩子拉下很大一段路，甚至再也赶不上国内同龄的孩子了。

还是回国吧，心平气和地让孩子去接受中国的基础教育。美国的大学教育是世界上最优秀的，美国的哈佛、耶鲁、斯坦福名冠全球，还有一大堆领先世界的常青藤名校，吸引着全世界最优秀的学子。

而它的基础教育有优点，但更有不少的缺点，很多缺点都有不小的硬伤。将来儿子在国内接受到从小学到高中的基础教育之后，再来美国读大学或者是读研究生，应该是不错的选择，这样他会享受到中美教育各自的优点。

我计划在国内找一个稳定的或者相对轻闲的工作，把更多的时间和精力用在孩子身上。这样，将来他在基础知识上，就会比在美国接受教育掌握得深一些、掌握得踏实一些，为将来申请美国的名校打下良好的基础。长时间困扰我的难题，终于迎刃而解，我非常感谢徐师傅在关键时刻指点迷津。

第五节　再见，美国的教育

做出了决定，以后的工作就好做了，孩子是未来的希望，将来他有一个好的未来比什么都重要。国内的基础教育有很多缺点，但也有它不错的地方。

作为一个中国母亲，我希望自己的孩子可以多学一些知识，就像老祖宗所说的，艺多不压身。在美国工作了一段时间，结交了很多朋友，知道在美国生活面对的压力，而且未来存在很多变数。生活不稳定，就无法为孩子提供更好的生活环境，无法为孩子提供更好的教育环境。

要是孩子小时候，没有接受到良好的教育，将来面对激烈的竞争时，会处于劣势地位。我们无法享受到美国本土人所享有的学业和就业优势，除了靠实力，我们的孩子一无所有。美国不是那么美，我们的孩子玩不起。我不敢想象儿子就像他班里的黑人同学一样，一看书就头疼，将来长大后，无所事事，坐吃山空。 都说美国教育可以培养出孩子的创造力，但没有合适的谋生本领，他又何处去创造?

人家黑人什么都不用做，也可以领到社会救济，我们的孩子到哪里去领呢?

即使在美国孩子的学习非常优秀，达到了很高的程度，上了美国名校，找到非常好的工作，在学业上没有问题。但在美国环境下生长，长大以后，他就会有一颗美国心，这样的例子随处可见，夏老师的孩子们就是最好的例子。

孩子在中国长大，虽然有很多应试压力，也未必全是坏事，最重要的一点是，孩子不会变成香蕉人。他在成长的过程中，不会被自己的出身所困惑，这点非常重要。

我们为回国做准备，儿子的老师知道儿子要走了，于是给他召开了欢送会。

现在儿子升了一级，他的班主任也换了，他们学校的教师只教一个年级，学生们升一个年级就换一个老师。不过我们和本杰明的来往依旧非常密切，因为他很有亲和力。

欢送会开得非常热闹，所有的孩子都给他送礼物。老师专门给他做了一个精美的影集，上面有班里每个学生的照片，几乎每个老师都送他了一本书。

快回国的时候，我到学校去接孩子，本杰明老师走过来，给我送了几张班级活动的光盘。上面有很多我给孩子上课、帮助孩子批改作业的照片，还有孩子和美国小同学们滑雪、远足、上课的很多照片。本杰明是位细心的老师，他把孩子成长的每个瞬间都用照片的形式保存下来，这些是我和孩子在美国学校中最珍贵的记忆。

儿子和本杰明老师拥抱告别，离开本杰明老师，儿子非常不舍，这是中国老师和美国老师的不同。当年儿子离开中国的时候，他的班主任也给儿子开了欢送会，但儿子对他却一直很敬畏，在老师面前不敢多说一句话。像一只受到惊吓的小鸟，楚楚可怜，离开老师越远，心里越有安全感，因为老师不知道什么时候，就用鹰一般尖锐的目光，发现孩子的缺点，然后训斥几句。其实，他是一位不错的老师，信奉严师出高徒，只不过有些严厉，所以儿子很害怕他。也难怪，在国内，老师们都在研究关系学，怎样让学生在对你有亲近之情的同时，也对你产生敬畏之情。感觉在学生心中，老师要是没有权威的话，就会很失败。

而本杰明老师却非常有亲和力，儿子在他面前放得开，他们之间的关系如同一对亲生父子或者像一对兄弟。两个人在一起非常的自然和谐，有点忘年交的感觉。

本杰明对儿子的爱发自内心，他的学生中，无论种族，无论贫富，无论成绩好与坏，他都一视同仁，绝对不会偏心某一个孩子。因为老师要是过分关心班里的某个孩子，以至于偏心，会对班级里其他孩子造成不好的影响。

在中国，老师想着如何在学生面前树立权威的时候，本杰明，一个优秀的美国教师，却挖空心思地想着如何让学生更喜欢他，如何走进每一个学生的内心。

真希望本杰明老师有朝一日来到中国的小学，给中国的老师谈一下，如何让学生喜欢你，把你当作人生中最亲近的人，而不是让学生见了老师就像老鼠见了猫一样。

回国后相当长一段时间，儿子还念念不忘他的美国教师本杰明。我也一直没有忘记我的这个美国同事，和他合作非常愉快。我感觉这里的工作，对我也是一个很好的锻炼，零距离地接触到了美国的教育。

这是这学期所开的第二次欢送会了，前几天，班里刚给吟开了欢送会。吟的妈妈研究生毕业以后，前往全美发送了大量的工作申请，最后在美国最南端的佛罗里达州找到了合适的工作，于是他们全家就从纽约州迁徙到那里。

美国人就是这样喜欢漂流和迁徙的民族，他们祖先那种不安分的血液，在每个人的身上都流淌着。有句话说得好，如果你和一个美国人谈得投机，就赶快和他交往。要是晚了一天的话，他也许就会迁徙到别的地方了。

美国人的流动性非常大，没有乡土观念，哪里有工作，哪里有饭吃，哪里就是家，和吉普赛人一样，到处流浪。当然，有一天他对自己的工作、周围环境不喜欢了，他会接着换一个环境，重新开始新生活。

因为学校里对新生的帮助非常细致，学校里功课的学习也不紧张，所以，美国家长对孩子转学，面对新的环境，心里没有过多的负担。

儿子在美国最好的朋友吟走后很长的时间，儿子还惦记着吟这个好朋友。现在儿子也要离开学校了，他的心里一百个不愿意，因为他喜欢这个没有学习压力的学校。

“将来有机会，你还会通过学校的机会到美国做交流生。要是你的成绩足够优秀，读大学的时候，你可以申请奖学金到美国继续深造。美国的高等教育非常优秀，要是你有实力，绝对不会被埋没，是金子一定会闪光的。”我告诉他。

那个时候再来，他的世界观已经形成了，既学习到美国的先进知识，又有一颗中国心。最重要的是，他的根将会永远留在中国，是个完完全全的中国人，不会和我有断层，不会和我有文化上的隔阂。那种把孩子养大的那天，就是孩子远离自己那天的日子，不会在我们家发生。即使孩子离开家到远方发展，也只是在地理环境上离开我们，心还是和我们在一起的。作为母亲，我希望这样的选择有利于孩子的成长。

第六章　父母和孩子一起成长

第一节　和儿子一起适应新环境

又回到了国内的小学，对孩子来说并不是什么开心事，他又开始了每天艰苦的校园生活。要面对写不完的作业，要面对应试教育带来的压力，今后要面对着各种各样的升学考试，他也开始了焦虑。

“为什么我不能在美国读小学，你看吟不都在美国读书吗？那里的学校多适合孩子的成长，每天日子多好啊？”边写作业，儿子边抱怨。

很多事，现在和孩子还解释不清楚，只能淡淡地说：“因为爸爸妈妈的工作在这里，这里是咱们的家。”

儿子接着说：“工作可以换的。要是换掉了工作，我们就可以在美国有家了。”

“但是我们的房子在国内。”我告诉他。

“干脆把房子搬走吧。”儿子就是不忘记美国的校园生活。

那段时间他反复问我这个问题，美国的学校对儿童有它的魅力之处，大部分孩子都喜欢没有压力的生活。

在中国小学生的眼睛里，美国的小学是世界上最完美的，老师好，在学校里有趣。儿子经常看着国内学校的课程表感慨，你看，原来那个学校大部分的时间都和课本没有关系，可是在咱们这里，大部分的时间都在看课本。

是啊，谁都喜欢玩，谁都愿意过没有压力、懒洋洋的生活。可是人无远虑，必有近忧。我们不是本土的美国人，在工作和福利上享受不到美国公民的待遇。

即使在当地有了身份，但将来和儿子一起竞争的是在国内接受过良好教育的优秀孩子。我不敢想象，儿子在美国宽松的校园里玩，将来能否有实力和国内有良好教育背景的孩子去竞争。

其实，美国受到过良好教育的家长，对孩子教育抓得很紧，他们不惜花费大量金钱，把孩子送进私立学校。美国私立学校以教育严格著名，他们的孩子从小就可以接受到最好的教育，享受到最好的资源，只要不是特别差，升入美国名校是水到渠成的事。

我们没有这样的实力，让孩子享受到美国教育的精华，但我们可以为孩子选择对他最有利的成长环境。在国内，我们有实力，也有时间可以为孩子提供这样的教育机会。所以，选择回国，让孩子接受国内良好的基础教育，对孩子个体成长来讲，更有利于他今后的人生。我想将来孩子长大了，他会明白父母为他所付出的一切努力。

当然，转学对儿子的影响不小，夏老师告诉过我，他刚来美国时，由于生活不稳定，到处漂泊搬家，孩子也经常转学。新的环境，老师和同学们都很陌生，他很不习惯这样的生活。孩子不知道外界是友好还是充满敌意，在学校里出现了以前从来没有过的沉默，有的时候回到家里，态度很不好，经常为一点小事发脾气、哭闹。

不写作业，厌学，对家里的人发脾气，搅和得家里一片混乱。当时夏老师很折磨，后来，他知道，当孩子表现出这些反常的反应时，其实是对自己的一种保护，也是应对焦虑的一种方式，说明了孩子不适应环境的改变，告诉我们随时要注意孩子的情况。

同样的事也发生在了我的孩子身上。儿子要适应人际关系、学习环境、学校环境，在班里处境很被动，有相当一段时间，他的情绪非常低落。他当时没有向我们说，因为刚回国，我也面临找工作，对新工作环境的适应之中，没有把过多的精力放在孩子的身上。

只是感觉孩子每天都不快乐，唉声叹气。由于我也在适应着新环境，每天心力交瘁，回到家里就累得不愿意多说话了，所以也没有过多地关注孩子。

后来过了很长一段时间，我安顿下来了，儿子才告诉我。那段时间，他在班里的处境很不好，经常被班里的同学误解，有谁丢了东西，有了冲突，他一直都是替罪羊，被班里的孩子们围攻。

遇见开家长会，我的心里总是不踏实。遇见这样的情况，作为母亲，每次开完家长会，回家和孩子讲话都要注重策略。

当儿子问起我，老师是怎么看待他的。

我会告诉他，老师认为你有很多优点，要是字写得再好一些就会更好了。在孩子心中，要给老师树立好的形象，即使老师的教育方法不尽如人意，但他从本意上还是期待孩子进步的。

国内的教育资源有限，一个班级里有六十多个孩子，老师检查作业的量也很大，老师让家长多督促一下，也有他的考虑。但他这么做的时候，忘记了具体问题具体分析，忘记了孩子刚回来，还需要一个过渡时期，他这样做对孩子的成长有些不妥。

况且孩子是一个非常内向的人，对外界的事情非常敏感，对自己不自信，需要更多的鼓励性的话语。

回家的时候，我告诉他，你的学习在一天天进步，只要今天比昨天有进步就是好事。

在中国有限的教育资源下，家长对孩子的成长非常重要，很多时候，比学校的作用还大。如果孩子遇见解不开心结的事，有什么想不开的地方，家长要用耐心帮助他排解压力。

现在孩子面对着作业不再唉声叹气，毕竟长大了，但他写作业的时候，还需要家长的提醒。有时候，老师留作业的质量不高，就是简单的重复，他也能接受了。

儿子在美国的时间不很长，但文化的隔阂在他的身上已经有所表现。儿子在美国千辛万苦带回国的棒球、橄榄球，国内的小朋友们没有兴趣，国内孩子们玩的游戏，儿子也没有兴趣。

他拿回家了几次考试的卷子，样子很紧张地看着我，成绩非常一般。要是没有去美国之前，我会委婉地批评他。但是经过了美国教育的洗礼，我认为应该对他以鼓励为主。于是，我告诉他其实成绩还不错，我比较满意，当然我相信，你下次的成绩会更好。

这些话对他非常重要，在孩子成长的过程中，家长的鼓励永远是孩子前进的最强大的动力。在我的关注下，他的学习很快就进入了状态，但他的社交能力却一直不佳。

在这个时期，我随时关注着他，有时候，我也和孩子的班主任多交流。但时间也不能太多，一个班级将近60个孩子，老师还有繁重的教学管理压力，还有很多会去开，已经忙得不亦乐乎了，再去多打搅老师，有种良心上过不去的感觉。

班主任反映，课间的时候，当别的孩子们都在欢快地奔跑、玩游戏的时候，唯独儿子一个人无精打采地孤独地坐在教室里，无助地看着周围。没有人去理会他，他也不去理会别人，完全游离于班级之外，这样持续了很长的一段时间。

老师也找了几个朋友帮他，但是由于儿子突然变得沉默寡言，很长一段时间没有朋友，把自己封闭起来。这样下去，我很担心他的心理健康问题。

我想如果他们的小学，要是也和美国小学那样有合适的师生比的话，而不像现在这样，一个班有将近60个学生，或许老师给他的帮助能够多一些，他融入班级的过程会更快一些，中间的过程会短一些。真期待中国小学的投入更大一些，让我们的孩子享有更好的教育资源。

我决定用家庭的温暖和关注，抵消国内教育给孩子所带来的负面影响，一个好的妈妈应该多关注孩子的成长。在国内教育资源这样紧张的情况下，家长应该多付出一些，尤其是这样一个沉默是金、有些自闭的男孩子，家长应该更多地去关注。

我主动邀请他同学的家长，一起带着孩子出去玩，给孩子创造多接触同学的机会。经过一段时间，儿子的情况好了一些。

在一般情况下，我问儿子的朋友是什么样的，他一直回避这个话题。有的时候告诉我，自己玩也没有什么不好。有一天，他开心地告诉我，他终于交到一个好朋友了，有朋友可以玩了……那时，我想哭的心都有了……

除此之外，儿子在课堂上回答问题也让我不安，该说的他不说，不该说的却说了。老师问问题，他回答不积极，即使会了也不说。有的时候英语老师发音不准，儿子会立刻当众纠正老师的发音。

我听了都为英语老师抱不平，中国的英语教学，一直都是中国式的发音，英语老师发音不准是正常的事，因为老师的老师发音也不准。可是儿子一听就听出来了，而且还当众指出老师的错误，我为他在班里的表现而担忧。作为老师，知道学生这样做，会让老师感到尴尬。好在英语老师是一个比较大度的老师，虽然老师未必会开心，但却能容忍儿子的行为，也算是他的幸运。但我想要是他遇见一个脾气暴躁的老师，我真不敢想象会是什么样的结局。

我指出过几次，但是儿子却一直没有改，但愿所有的老师都能大度一些吧，孩子就是这样天真无邪。

儿子是个非常敏感的孩子，非常重视老师的评价。但实话实说，老师对儿子的评价一般，因为他沉默寡言，从来不主动和老师接触。老师的工作忙，肯定也没有时间和他多接触。班里性格活泼开朗的孩子更容易获得老师的关注，而他却没有任何出彩的地方，值得别人的关注。

但他却很在乎老师的评价，每次我和他老师接触的时候，儿子都要问我老师如何看待他。我在把老师的评价转述给儿子的时候，总是深思熟虑地进行过滤。一些优点，我用放大镜加大，这样对信心不足的儿子是个鼓励。一些老师尖锐批评的缺点，我用委婉的口气告诉儿子，让儿子改进。对儿子的总体评价，我总是用最让儿子愿意听的语言来转述。这样使得儿子感觉老师虽然很严厉，但对他还是喜欢的。

在儿子适应的过程中，我一直在关注着他。利用他的课余时间，多转移孩子的注意力，领着他在户外进行体育锻炼，到郊外踏青。使他在家庭和大自然中获得温暖，忘记现实生活中的各种不愉快。

虽然儿子在学校有许多不尽如人意的事，但是我及时分散他的注意力，努力减少他适应新环境时所产生的焦虑。

第二节 和儿子一起分享成长的滋味

回国后，除了陪伴孩子，同时我也在寻找自己在社会上的位置。很快就有合适的单位，我努力工作，在单位发展得很顺利，不久就有了让大家都羡慕的职位。单位领导重视，独当一面，位置不低，工资不错。回国这么短的时间，在工作上就有突破性进展，我很满意。

但是工作的压力不小、责任不小，另外让我头疼的是这个工作要经常出差。而且出差的时间不短，是在中美之间来回跑的工作，用现代最时髦的话，就是做中美之间的空中飞人。

这是一份非常刺激而且又有挑战性的工作，这一刻在中国，但是到了下一刻，也许就在美国的某个最繁华的城市中，走进全世界最时尚的品牌店，品尝到世界各地的美味。在国际航班上见识来自于世界各国的人，体会到异国的风情。这是国内很多白领阶层都梦寐以求的工作，我也很喜欢。因为这个工作适合我的天性，我是喜欢变化的人，那段时间，我过得非常滋润。

但是，当高兴的我出差回到家里，在我眼前看见的是什么样子？

每次我到家，发现家里很乱，到处都是乱糟糟的脏衣服，发现儿子又瘦了一圈，身上的衣服似乎又脏了，像个没有娘的孩子。他作业本上的字迹又潦草了不少，很多时候都是惨不忍睹，学习成绩很不稳定。

一天，我打开儿子的书包，看见儿子语文写得很不公整，字迹潦草，龙飞凤舞，数学本上还有好几个醒目的叉号，后面是几个大大的感叹号。

看得我一肚子气，以前的时候，这种现象从来没有发生，可现在怎么了？我想拿起什么东西打他一顿。可冷静下来后，仔细想想，责任也不能全部都推到孩子的身上，和我目前的生活状态也有很大的关系。在缺乏母亲监管的家庭，孩子的表现不尽如人意。

儿子的自理能力，还有学习管理能力并不强。一个小男孩，虽然知道学习的重要性，但却控制不了自己，总想多玩一会儿。要是家长不及时制止他的行为，他很快就会放任自流，变成一匹脱缰的小野马。

除了儿子的情况我不满意，出差回来，我还发现家里越来越像单身汉的宿舍。我经常外出，一走就是两三个星期，他爸爸工作很忙，每天回来晚，还要接送孩子。所以，儿子吃饭总是饥一顿、饱一顿，有的时候在饭店大吃大喝，有的时候就是一个干烧饼，有时候干脆就挨饿。

我不在家的时候，老公一个人能保证他吃饱饭就不错了，至于学习，他是心有余而力不足。儿子就像野孩子似的，缺少了管教。

突然我感觉是否应该反思了，当时回国的时候，更多考虑的是儿子的教育问题。可目前的情况是大量的时间都在外地出差，回到家已经筋疲力尽了，根本就没有心情和精力再去了解孩子，和孩子沟通。这样下去，儿子就会在母亲缺失的环境中长大。缺少了母亲管理的男孩子，在成长的过程中，很容易出现偏差。

我在社会上工作，是为了给孩子更好的经济条件、更好的生活环境。可是，现在这个工作对我培养儿子非常不利，我的作息时间很不规律，家里乱成了一锅粥，我的生活也变得一团糟，是否该调整一下了？虽然这份工作薪水不菲，但完全影响了我的家庭生活。由于工作压力比较大，生活不规律，很长时间无法知道孩子的情况。平时忙得见不到儿子，更无法去关注他、教育他了。

中国有句古话，老子英雄儿好汉，也有人说老子英雄儿子未必好汉，但我感觉老子英雄儿子并不都是好汉。

我在高校的时候，周围有不少博导，他们的事业心非常强，一心奔着事业，每天泡在图书馆、实验室，全力以赴，终于爬到了事业的高峰。但是回头看孩子的时候，孩子却连本科都没有考上，大学教授的孩子进不了大学，这种现象并不少见。

我也有不少事业有成的朋友，资产骄人，身家雄厚。其中有一个朋友事业心尤其强，他起家的时候，经过了常人难以想象的艰辛，这期间他无暇顾及孩子的成长。孩子和奶奶一起，孩子的奶奶对孩子溺爱有加，但对他的学习抱着放任的态度。

后来，朋友的事业发展得很大，但孩子却在班里垫底了。于是，他就花大把的钱给孩子请家教，上辅导班，钱花了，但是却没有时间检查学习的效果。孩子在学习的时候，心不在焉，老师的责任心也有限，最终孩子学无所成，最让他伤心的是，和他总有很多的隔膜。

这样的例子实在太多了，富不过三代，并不是没有原因的，主要一点是缺乏对孩子有效的管教。

孩子天生的资质是一个方面，但是在孩子成长关键的时期如果忽视了对他的教育，也许当时看不出什么，等着发现的时候，却为时已晚、追悔莫及了。

有些寒门的孩子先天有优异的资质，学习又刻苦，根本不用家里操心，最后成了大器。有这样的孩子是家长的福气，要是你的孩子也如此优秀，你就不必再费心了。可这样优秀的孩子，并不是家家都有，所以，家长还是要多付出。至于最终孩子达到了什么样的高度，付出了，心里也就无怨无悔了。

想到这里，我更加坚定了自己的想法。当然，有时感觉放弃这样的工作非常可惜，但人生很短暂，首先要知道自己想要什么，这点最重要。女人不能没有工作，要是没有工作，接触不到社会，见识不到人生的精彩，生活会有缺憾。但只忙工作，顾不上管孩子，最后把家庭生活搞得一团糟，这样更不好。

作为一个母亲，孩子永远都是第一位的，如果连母亲都没有时间去教育孩子，还有谁能比母亲做得更好？把孩子推出去，放任自流，这样做很不负责任。

我想努力给儿子创造好的生活环境，和儿子一起成长，不希望把他成长中的精彩忽略。

儿子很快就会长大，那时他就有了自己的社交圈子，更多的时间和同学交往，虽然住在家里，却把家作为旅馆。再大一些就要离开家，寻找自己的生活了。所以在儿子小的时候，多陪陪孩子，参与孩子的成长，虽然累一些，但却可以尽到母亲的责任。

儿子是个资质平常的孩子，虽然我对他寄予了很大的希望，也在多方面努力去培养他，但很难预料他的未来，我能做的就是给他创造一个幸福快乐的家庭，用充足的营养和体育锻炼赠与他一个健壮的身体。

但是，我没有足够的经济实力，也没有资本在家里全职带孩子，那样经济会紧张。而且不工作，不和社会接触，我感觉过一段时间就会变得没有自信，在家里也不会有平等的地位。说不定将来孩子长大了，也会感觉我没有见识。

我想方设法换了新的工作，由于我的教学经历还可以，对新工作的要求不高，所以很快就如愿以偿。新工作虽然有很多方面不满意，职位不高，但也有我喜欢的地方，稳定，不出差，工作非常自由，时间宽裕，假期比较长。这样我有足够的精力照顾家，有足够的时间陪伴儿子，和他一起成长。

于是，在教育孩子上，我又有了新的计划。我已经领他走遍了美国，我计划在假期里和儿子一起走遍中国。从最北边开始，一直到最南边，然后是最西边到最北边。很多知识不能只从书本上来，尤其是自然风光，亲眼所见，收获更大。带着孩子忘记现实生活中的一切，陶醉在自然山水中，对孩子的成长也是一笔宝贵的精神财富。

我个人自由支配的时间多了，在教育上思考的时间也多了。对目前中国教育很多人都存在着不满，期待着改革，却又不知道向哪个方向走，于是众说纷纭。我感觉中国的教育还是要立足于中国的国情，不能盲目地照抄照搬。既要学习美国的教育优点，又要摒弃美国教育的缺点，在中美教育之间寻找到合适的点，以此来改进我们的教育。

第三节 寻找中美教育的融合点

美国的私立学校之所以学生的成绩普遍高，学生之间的成绩没有过分两极分化，主要是学校的老师随时去关注每个学生，经常对学生的学习进行检查，发现问题并及时解决。这样精心教育的结果使得每个学生都不会掉队，除了学习之外，学校中的每个学生都会全方面发展。

经历了美国的基础教育，开阔了孩子的眼界，他知道了另外的一种校园生活的存在。知道了有一种学校，学习并不是最重要的事，他自己也经常把中美小学进行对比，作为一个还不懂事的孩子，他更喜欢美国的小学。因为美国的小学顺应了孩子的本性，更注重人的全面发展，这一点对所有的孩子来讲或许都一样。

作为教育工作者和孩子的母亲，经历了中美之间的教育，我的思路也变得宽了一些，对很多事情的看法不再偏激。很多在国内看起来很严重的问题，其实换一种思路，发现原来并不像想象的那么糟糕。尤其孩子的成长，本身就是一件需要家长全力以赴付出耐心的事。

国内的教育资源有限，学校只能给孩子传授最基本的知识，学校的老师不可能关注到每一个孩子。至于人格的培养，不能仅仅依赖于学校，家庭教育对孩子的成长占有重要的地位，资质一般的孩子更需要良好的家庭教育，才能显现出优势。所以说注重教育的家长必须付出很多精力，去关心孩子的成长。

现在的教育，对学习抓得比较紧，课程安排比美国的深不少，孩子的学习压力很大，孩子可以学习到很多的知识。有些知识孩子在学校里掌握得并不牢靠，家长还得帮助孩子把基础的知识打深一些、广一些。要想让孩子比一般孩子成绩优秀，就需要家长多多付出。

换完工作以后，我就把精力用在了孩子身上。在孩子的教育上，绝对是一分耕耘一分收获。孩子就像一粒种子，在不同的环境下生长，会有不同的结局。享受到充分阳光的种子，会获得良好的生存发展空间，最后长成参天大树。没有足够生长环境的种子，也许只是一棵羸弱的小苗，甚至还会营养不良，无法成才。同样资质的孩子，如果教育资源不同，孩子在学习上的差距将是巨大的。

我经常利用晚上孩子做完作业的时间，给孩子讲英语故事，陪孩子看一些英语电影，这样可以增加孩子的语感，使他在美国培养出来的语感保持住。我认识一个英语不是很好的父亲，为了辅导孩子，买英语光盘，晚饭后，陪着孩子听录音机学习，最后和孩子一起攻克了英语这个难关。可见，即使知识不多的父母，只要有耐心，孩子也会受到感染。

业余时间，我经常领着孩子去书店。儿子一进书店，眼睛立刻瞪得大大的，只要他想看的书，我都给他买，孩子读书多，见识比同龄人多一些。我们大量购买各种书籍，回来以后，在书的世界里遨游，忘记了外面的世界。在和儿子一起成长的过程中，虽然很累，但非常充实。

他在课堂上，开始的时候，我还在一边辅导。但随着他学习主动性的提高，我发现他自己就可以很好地解决问题，我可以慢慢地放手了。

在小学阶段，孩子最重要的是掌握好基础知识。孩子要是愿意探索学习的方法，具有创造力，探索出属于自己的学习方法，即使多走一些弯路，也没有关系。

我很重视他的身体，只有身体好，做什么事才会有基础，可是目前国内学校的体育课安排的时间非常少，而且内容单调。靠着这么少量的运动，根本无法增强孩子的体质。

在这点上，我非常赞同美国学校的做法，学校里不足的教育，做家长完全可以给孩子弥补。根据孩子的兴趣，我给他报了武术、球类辅导班，平时还经常领着他去游泳、远足、跑步。给孩子充裕的时间锻炼身体，身体好了，学习效率自然会很高，而且会有更多的自信。

学校里音乐课的时间也有限，但音乐对孩子的修养起了非常重要的作用。在美国的学校，尤其是好的私立学校，主张孩子要全面培养，在各个方面都加强孩子的学习，做多才多艺的人。非常注重孩子的音乐教育，孩子都能很好地掌握一种乐器。

在美国我们没有更多的时间、精力和财力去培养孩子这方面的能力。因为谋生，为今后事业打基础，已经占用了我们大部分的精力。但现在我们在国内，工作稳定，心态也很好，有足够的时间、精力和财力为孩子投入。为了让孩子多接触音乐，我给他找了老师专门教他乐器，素质的培养是全方面的，学习很重要，但多领略人生其他方面，也是不错的风景。

我非常注意给孩子创造一个快乐的童年，尽量培养他对学习的爱，在快乐中学习，培养出他好的性格。

作为家长给孩子健壮的身体、丰富的知识、完美的人格，对孩子的成长是多么重要。

我和孩子的爸爸平时在说话的时候，很注意言行，努力给儿子创造一个幸福和睦的生长环境。幸福的家庭对孩子的成长非常重要，在幸福家庭中长大的孩子，身心和性格都是健全的。

很快，儿子就会长大，我陪伴着他的成长，见证他的每一步脚印。无论苦也好，累也好，非常开心。将来他会离开家，有自己的生活，那个时候，我不会为忽视他的成长而后悔。

中美之间教育的比较是一个永远都不会过时的话题，各自都有缺点和优点。我们能做的是把两种教育中的优缺点做比较，取长补短。

随着孩子的成长，我会继续研究两种教育之间的共同点和区别点，吸取美国教育的精华，把美国精英学校的教育理念应用于中国的教育，以此来促进我们教育的发展，给我们孩子的成长创造更好的教育环境。